D0306384

Church Village Library
Tel.01443 570088
ChurchVillage.Library@
rhondda-cynon-taff.gov.uk

11/17

w782.42EL

Dylid dychwelyd neu adnewyddu'r llyfr erbyn neu cyn y dyddiad a nodir uchod.Oni wneir hyn codir dirwy.
This book is to be returned or renewed on or before the last date stamped above, otherwise a charge will be made

Rhondda-Cynon-Taff County Borough Libraries
Llyfrgelloedd Bwrdeistref Sirol Rhondda-Cynon-Taf

Cyhoeddiadau
Barddas

Ⓗ Elis Dafydd a Marged Tudur/Cyhoeddiadau Barddas ©

Geiriau'r caneuon Ⓗ Yr artistiaid ©

Argraffiad cyntaf 2017

ISBN 978-1-91158-404-9

Cedwir pob hawl. Ni chaniateir atgynhyrchu unrhyw ran o'r cyhoeddiad hwn na'i gadw mewn cyfundrefn adferadwy na'i drosglwyddo mewn unrhyw ddull na thrwy unrhyw gyfrwng electronig, tâp magnetig, mecanyddol, ffotocopïo, recordio, nac fel arall, heb ganiatâd ymlaen llaw gan y cyhoeddwr, Cyhoeddiadau Barddas.

Cyhoeddwyd gan Gyhoeddiadau Barddas
gyda chymorth ariannol Cyngor Llyfrau Cymru.

Argraffwyd gan Y Lolfa, Talybont.

# Rhywbeth i'w Ddweud

## Deg o ganeuon gwleidyddol 1979-2016

Gol. Elis Dafydd
a Marged Tudur

# Cynnwys

# Rhywbeth i'w Ddweud

Yn ei gân 'Cocaine' mae Steve Eaves yn datgan 'siŵr Dduw 'dan ni'n credu yn rhywbeth' ac am gyfnod go hir, 'Credu yn Rhywbeth' oedd teitl gwaith y gyfrol hon hefyd. Ond wedyn fe sylweddolwyd nad ydi cred neu ffydd mewn rhyw safbwynt neu'i gilydd yn ddigon i greu cân wleidyddol bwysig ac arwyddocaol. Yn ychwanegol at gred waelodol mae angen dawn gerddorol a dawn dweud ynghyd ag angerdd sydd yn gwneud y gred fewnol yn rhywbeth y mae'n rhaid ei rhannu ac yn 'rhywbeth i'w ddweud'. Gall y dweud hwnnw feirniadu, dathlu, collfarnu, annog, rhybuddio neu ymateb yn wyneb sefyllfa wleidyddol, boed honno'n un oesol, barhaus, neu'n un digwyddiad o bwys. Efallai y daw caneuon gan Woody Guthrie, Bob Dylan, Joan Baez, John Lennon, Bob Marley neu Steve Earle i'r cof yn awr, neu efallai mai bandiau Gwyddelig fel y Pogues ac U2 sydd yn crafu, cosi, barnu a brygowthan yn wleidyddol yn eich clust.

Wrth gwrs, mae gennym gyfoeth o ganeuon gwleidyddol Cymraeg, a llawer ohonynt yn chwarae rhan bwysig yn ein meddylfryd a'n hidentiti fel Cymry. Gellir mynd gam ymhellach a dweud bod y canu hwn nid dim ond yn 'dweud' ond yn sbardun ac yn ysgogiad i 'wneud' hefyd. Cyfrol ddiddorol fyddai honno gydag erthyglau gan wleidyddion yn trafod cân sydd wedi dylanwadu arnyn nhw. Ond dyma gychwyn wrth ein traed gan gomisiynu erthyglau gan bobl sy'n gwybod eu stwff o ran geiriau, cerddoriaeth a gwleidyddiaeth, a'r briff a roddwyd i bawb oedd dewis cân wleidyddol a'i thrafod, ei thafoli, ei dehongli, ei rhoi yn ei chyd-destun, ac egluro'i phwysigrwydd a'i harwyddocâd.

Roeddem yn awyddus i'r erthyglau fod yn rhai cyfoes, perthnasol i heddiw, felly penderfynwyd y dylid trafod caneuon y cyfnod diweddar yn unig. Ond pa mor bell yn ôl mewn amser sydd yn rhaid mynd cyn i'r label 'diweddar' beidio â bod yn berthnasol?

Penderfynwyd mai'r flwyddyn amlwg i dynnu'r llinell oedd 1979. Bron nad oes angen esbonio ei harwyddocâd: hon oedd y flwyddyn y pleidleisiodd pobl Cymru o 80% i 20% yn erbyn cael rhywfaint o rym yn ein dwylo ein hunain. Hon oedd y flwyddyn lle daeth Margaret Thatcher i rym, gan ddechrau ar ddeunaw mlynedd o lywodraeth Geidwadol na ddaru pobl Cymru bleidleisio drosti. Hon oedd blwyddyn llosgi'r tai haf cyntaf.

1979 oedd y flwyddyn a osododd gyd-destun y degawdau a ddilynodd ac rydym yn dal i fyw yn ei chysgod heddiw. Yn y misoedd a'r blynyddoedd wedi'r refferendwm a'r etholiad a dechrau'r ymgyrch losgi, does ryfedd i'r gwleidyddol gydio. Daeth yn gyfnod Yr Anhrefn a 'Niggers Cymraeg', cyfnod cicio yn erbyn y tresi, cyfnod y rebaleiddio a chyfnod gigs drwy Gymru benbaladr. Daeth yr artistiaid hyn a'u caneuon yn ymgorfforiad o'r gobaith fod 'rhywbeth gwell i ddod'. Cyfunwyd gwleidyddiaeth â geiriau, geiriau â cherddoriaeth, y gân â pherfformiadau byw, a thrwy hynny aeth gwleidyddiaeth i'r tafarndai, i'r neuaddau, i'r colegau, i'r ysgolion, i'r cartrefi, i'r caeau. Ac yn anad dim, fe aeth gwleidyddiaeth at y bobl gan ddod â'r hyn a ddechreuwyd yn y 1960au i benllanw.

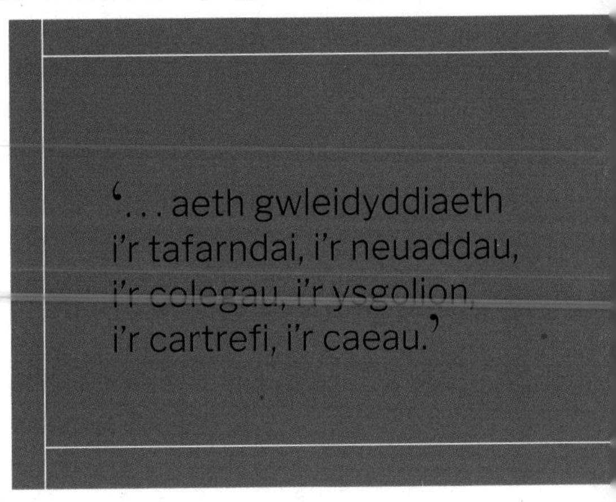


Diolch byth fod y rhelyw o gerddorion Cymraeg wedi dewis ymateb fel y gwnaethant. Byddai wedi bod yn hawdd rhoi'r ffidil yn y to, ond yn hytrach dewiswyd peidio â bod 'wastad ar y tu fas'; dewiswyd gweithredu, ac roedd canu'n wleidyddol yn Gymraeg yn gymaint o weithred â pheintio slogan ar wal y Swyddfa Gymreig neu ddiffodd trosglwyddydd teledu.

Fe wellodd pethau wrth i amser fynd yn ei flaen. Sefydlwyd Cynulliad Cenedlaethol Cymru yn 1999 a phleidleisiwyd yn 2011 dros roi'r hawl iddo ddeddfu yn y meysydd datganoledig heb orfod mynd ar ofyn San Steffan. Treiddiodd yr hunanhyder newydd hwn i mewn i'n caneuon hefyd. Nid siarad am orthrwm a chwyno am ein tynged a wneid bellach, ond mynegi safbwyntiau wrth ein cyd-Gymry. 'Yn nhir neb chwaraewn ni / Wleidyddiaeth heb wlad iddi,' meddai Gerallt Lloyd Owen am Gymru'r wythdegau. Roedd gennym ein pwt o wlad ein hunain i fod yn wleidyddol ynddi wedi 1999.

Ond erbyn 2016, y flwyddyn sy'n cloi'r casgliad hwn, mae pethau'n debycach i sut oedd hi yn 1979: y Toriaid yn ôl mewn grym a'r refferendwm ar ein haelodaeth o'r Undeb Ewropeaidd yn dangos mor hawdd yw hi i Gymru gael ei sgubo gyda llif meddwl gwlad arall. Caneuon gwleidyddol rhwng dau refferendwm sydd yma, felly. Roedd yr ail refferendwm yn un tra gwahanol, ac yn un llawer mwy tyngedfennol ar sawl ystyr. Nid ni yw'r bobl orau i ddadansoddi a darogan effeithiau hwnnw. Digon yw dweud bod yna ddigon i'w ddweud am y peth a'n bod yn gobeithio y bydd bandiau ac artistiaid Cymraeg yn ymateb iddo, ac y bydd digon o ganeuon gwleidyddol i ddewis ohonynt pan ddaw hi'n bryd llunio cyfrol debyg i hon am ganeuon o gyhoeddwyd o 2016 ymlaen ymhen deugain mlynedd arall.

Ond dylid nodi hefyd, fel y mae Dylan Meirion Roberts yn ei ddangos yn ei erthygl ef, nad cenedlaetholdeb yw unig fantra ein cyfansoddwyr gwleidyddol. Mae rhai pobl yn brwydro i oroesi ar lefel lawer mwy sylfaenol na lefel cenedl neu iaith.

Cyfyd y cwestiwn, sut mae diffinio 'cân wleidyddol'? Dywedodd Pete Seeger fod pob celfyddyd yn wleidyddol, ac mai cân bropaganda i faban yw hwiangerdd. Y diffiniad symlaf yw mai cân sy'n cyflwyno, yn trafod ac yn ymateb i'r 'gwleidyddol' ydyw. Dim ond o edrych ar ddewis y cyfranwyr, mae modd gweld mor amrywiol ydyw. Ceir yma ganeuon sy'n ddrych i'w cyfnod a chaneuon eraill a fagodd arwyddocâd gwleidyddol gydag amser. Un peth sy'n sicr yw fod y caneuon hyn yn gofnodion amgen ac yn ffynonellau hanesyddol, gwleidyddol pwysig ynddynt eu hunain.

Ymhlith y caneuon a drafodir yma, mae yma ddewisiadau amlwg: 'Gwesty Cymru', 'Yma o Hyd' a 'Gwlad ar fy Nghefn'. Ond cymerer dewis Nici Beech wedyn sef 'Cyn i'r Lle 'Ma Gau' gan y Bandana, cân nad yw'n amlwg yn un wleidyddol, ac ni fwriadwyd iddi fod chwaith, ond fel cân wleidyddol y gwelodd Nici hi.

Dyna ddangos pwysigrwydd dehongliad yr unigolyn a gafael geiriau arno. Roland Barthes yn ei draethawd 'Marwolaeth yr Awdur' a ddywedodd mai'r darllenydd neu'r gwrandäwr, yng nghyd-destun ehangder ei ddarllen a'i wrando, piau penderfynu ar ystyr unrhyw ddarn o lenyddiaeth. Efallai y byddai'r awduron neu wrandawyr eraill yn anghytuno â dehongliad ein cyfranwyr o'r caneuon. Croesawn hynny – annog trafodaeth yw union fwriad y gyfrol hon.

Mae yma groestoriad mawr o ganeuon, o'r eiconig i'r rhai mwy anghyfarwydd, ac rydym ni fel golygyddion wrth ein bodd â hynny. Wrth inni sgwrsio am y gyfrol, roedden ni'n sylweddoli nad oedd rhai o ganeuon gwleidyddol amlycaf a gorau'r iaith wedi eu cynnwys, ond doedd yna ddim ffordd o osgoi hynny. All deg cân ddim dod yn agos at fod yn gynrychioliadol o bron i ddeugain mlynedd o ganu, ac mae'n anorfod y bydd darllenwyr ac adolygwyr yn tynnu sylw at ganeuon sydd ar goll – ac oes, mae 'na artistiaid a chaneuon gwleidyddol 'amlwg' sydd heb eu dewis. Meddyliwn am Tecwyn Ifan, Yr Anhrefn, Trwynau Coch, Jecsyn Ffeif, Maffia Mr Huws, Tynal Tywyll, Dilyn y Dall, Llygod Ffyrnig, Byd Afiach, Traddodiad Ofnus, Anweledig, Geraint Løvgreen a'r Enw Da, Llwybr Llaethog, Tŷ Gwydr, Pep Le Pew, MC Saizmundo i enwi dim ond rhai – artistiaid a fynegodd eu hunain yn wleidyddol, artistiaid a adweithiodd yn erbyn y drefn a hynny'n eofn a heriol a swnllyd. Mae'n dweud y cyfan fod rhai o ganeuon yr artistiaid hyn wedi eu gwahardd o donfeddi Radio Cymru am gyfnod.

Yn fwy diweddar, gellir meddwl am Y Ffug, Radio Rhydd, Twmffat ac Afal Drwg Efa fel grwpiau gwleidyddol. Cofiwn am linellau fel 'does dim angen merch i dorri dy galon di / pan ti'n byw yng Nghymru' ('Llyncu Gwastraff', Yr Ods), a chaneuon fel 'Deinosoriaid' Alun Gaffey sy'n herio Mair sy'n 'mynnu sôn am fewnlifiad, / well ti sbio 'gosach at adra / y gormes go iawn / gan y moch dros y clawdd'.

Mi fyddai'n braf gallu rhoi lle i fwy o ganeuon gwleidyddol yn y gyfrol hon – ond nid oedd hynny'n bosib. Bydd, mi fydd rhai yn cwestiynu'r dewis, ac yn cwestiynu nid yn unig yr artist a ddewiswyd ond y gân a ddewiswyd hefyd. Pam 'Gwesty Cymru' ac nid 'Fflamau'r Ddraig' neu 'Saith Can Mlynedd'? Pam 'Gwlad ar fy Nghefn' ac nid 'Cân i Gymry'? Pam 'Yma o Hyd' ac nid 'Magi Thatcher'? Pam 'Cymru, Lloegr a Llanrwst' ac nid 'Y Deffro', 'Anwybyddwch ni' neu 'Pum Munud'? Ond y gwir yw na fwriadwyd i'r gyfrol hon fod yn gasgliad Greatest Hits o'r caneuon gorau neu fwyaf gwleidyddol neu boblogaidd.

Ochr yn ochr â phob erthygl, cynhwysir geiriau'r gân a drafodir. Mae rhai o'r geiriau hyn wedi eu cyhoeddi eisoes boed hynny yn nodiadau clawr yr albwm neu mewn cyfrolau – mae 'Yma o Hyd' i'w gweld yn *Holl Ganeuon Dafydd Iwan* (Y Lolfa), er enghraifft. O ganlyniad, penderfynwyd defnyddio yr un fersiynau yn y gyfrol hon ac nid aed ati i'w golygu.

Yn achos ambell gân, nid oedd y geiriau wedi eu cyhoeddi'n swyddogol, felly aethpwyd ati i drawsysgrifio'r geiriau yn union fel ag yr oeddent i'w clywed ar y record. Hyderir bod y trawsysgrifiadau hyn yn weddol agos ati.

John Rowlands ddywedodd, yn ei erthygl 'Ein Duwiol Brydyddion' (*Weiren Bigog*, Awst 1985), 'Dychmygwch sut ddarlun a gâi person ar ddiwedd yr unfed ganrif ar hugain petai'n edrych arni trwy sbectol ein beirdd yn unig. Sut syniad a gâi o'n cyfnod ni wrth bori yn nhudalennau *Barddas*?... Fe gâi borfa gynganeddol fras, mae'n ddiau, ond anaml y cyffyrddai â nerf y Gymru go iawn.'

Mae geiriau'r caneuon a ddewiswyd ar gyfer y gyfrol hon yn sicr wedi cyffwrdd â nerf ein cyfranwyr, ac mae'n achos dathlu mai Cyhoeddiadau Barddas oedd yn ddigon blaengar i'w chomisiynu ac i roi llwyfan i drafodaeth o'r fath. A dechrau'r drafodaeth yw'r gyfrol hon, nid ei diwedd. Ein gobaith ni yw y bydd y gyfrol yn sbardun i bobl eraill drafod caneuon gwleidyddol yn gyffredinol ac yn fwy manwl. Ein ple ni i'r darllenwyr yw: ategwch y dewisiadau a'r deongliadau a geir yma, anghytunwch efo nhw, ysgrifennwch erthyglau am eich hoff ganeuon gwleidyddol chi. Mae angen y drafodaeth hon er mwyn pwysleisio pwysigrwydd caneuon gwleidyddol, fel bod yna awydd ymysg ein cantorion a'n cyfansoddwyr i ysgrifennu caneuon newydd ar adeg pan mae angen inni fynegi'n hunain yn wleidyddol yn fwy nag erioed o'r blaen.

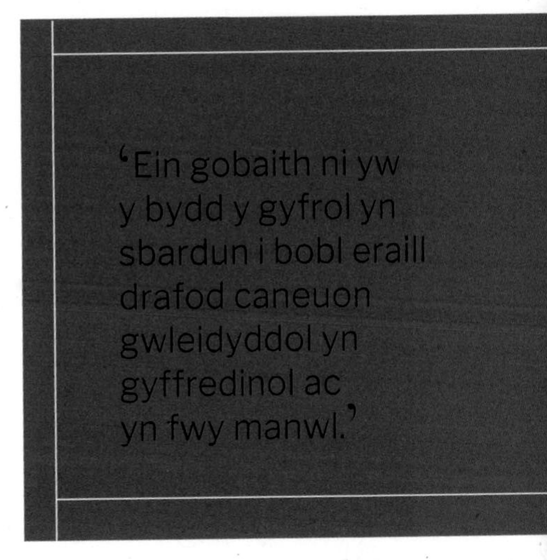


Elis Dafydd a Marged Tudur

Gŵyl Ddewi 2017

Un o Gymry Llundain yw **Ifor ap Glyn** ac mae bellach yn byw yng Nghaernarfon lle mae'n gweithio fel cynhyrchydd teledu. Cyhoeddodd bedair cyfrol o gerddi ac un nofel. Ers 2016, ef yw Bardd Cenedlaethol Cymru.

Mae **Pwyll ap Siôn** yn gyfansoddwr ac yn Athro Cerddoriaeth ym Mhrifysgol Bangor ac mae wedi cyhoeddi ac ymchwilio'n helaeth ym maes cerddoriaeth boblogaidd o Gymru. Yn 2011, cafodd wahoddiad gan y Sefydliad Ymchwil dros Astudiaethau Gwyddelig ac Albanaidd i gyflwyno papur yn Senedd yr Alban ar 'Welsh Culture and the Politics of Devolution'.

Bardd a chynhyrchydd teledu yw **Nici Beech**. Mae'n gapten ar dîm Talwrn Criw'r Ship, yn awdur llyfr ryseitiau, *Cegin* (Gwasg Carreg Gwalch, 2016), ac yn un o sylfaenwyr a threfnwyr Gŵyl Fwyd Caernarfon, Gŵyl Arall a Noson Pedwar a Chwech.

Bardd yw **Elis Dafydd**. Mae'n awdur cyfrol o gerddi, *Chwilio am dân* (Cyhoeddiadau Barddas, 2016), ac ar hyn o bryd mae'n ymchwilio i waith John Rowlands fel rhan o gwrs doethuriaeth yn Ysgol y Gymraeg, Prifysgol Bangor.

Bu **Hefin Jones** yn cadw tafarn Tŷ Newydd, Sarn, pan oedd y lle hwnnw yn un o leoliadau gigs mwyaf poblogaidd y gogledd-orllewin. Wedyn bu'n gweithio i'r Sefydliad Cerddoriaeth Gymreig cyn mynd ati i ysgrifennu *Celwydd a Choncwest* (Gwasg Carreg Gwalch, 2016), yn adrodd hanes yr Ymerodraeth Brydeinig ar draws y byd. Mae'n un o gyfarwyddwyr label Sbrigyn Ymborth.

Bardd, ymchwilydd a pherfformiwr yw **Aneirin Karadog**. Bu'n aelod o'r Genod Droog a'r Diwygiad ac mae wedi cyfrannu at amryw o albymau cerddorol, gyda Llwybr Llaethog, Cofi Bach a Tew Shady. Fel aelod o brosiect Y Datgyfodiad, cydgreodd albym gysyniadol am Zombis, gan osod cerddi caeth i gyfeiliant cerddoriaeth amgen. Mae'n awdur dwy gyfrol o gerddi i oedolion ac ef oedd enillydd y Gadair yn Eisteddfod Genedlaethol Sir Fynwy a'r Cyffiniau, 2016.

**Griff Lynch** yw prif leisydd Yr Ods. Mae'n cynhyrchu'r rhaglen gerddoriaeth *Ochr 1* ar S4C ac ef oedd yn gyfrifol am *Canu Protest* (Radio Cymru), cyfres wedi'i seilio ar ei draethawd meistr a oedd yn olrhain y berthynas rhwng pop Cymraeg a gwleidyddiaeth.

Cyn-gynhyrchydd recordiau a chasglwr recordiau yw **Dylan Meirion Roberts** sy'n fwy adnabyddus fel Dyl Mei. Bu'n rheolwr ar stiwdio recordio Blaen y Cae ac yn gyfrifol am label Slacyr. Bellach mae'n gweithio i'r BBC ym Mangor.

Mae **Marged Tudur** yn astudio ar gyfer doethuriaeth ym maes geiriau caneuon beirdd-gyfansoddwyr Cymraeg ail hanner yr ugeinfed ganrif yn Adran y Gymraeg, Prifysgol Aberystwyth.

Canwr-gyfansoddwr yw **Casi Wyn**. Bu'n cyflwyno'r gyfres *Merched Mewn Pop* (Radio Cymru) oedd yn edrych ar gyfraniad merched i'r byd cerddorol Cymraeg a rhyngwladol ar hyd y degawdau.

# Gwesty Cymru

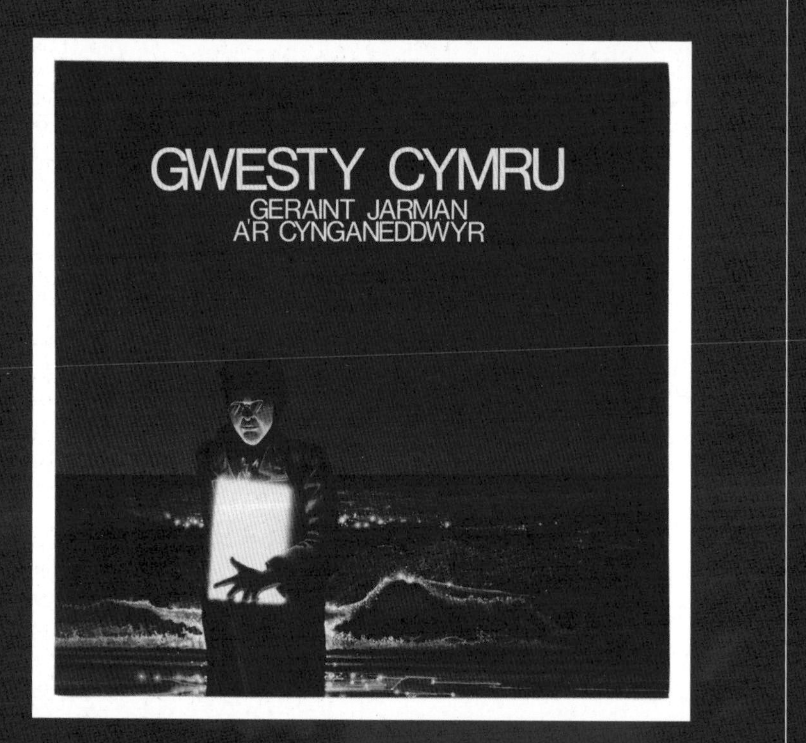


Sain, 1979

## 'Gwesty Cymru', Geraint Jarman a'r Cynganeddwyr, *Gwesty Cymru* (1979)

*Gwesty Cymru*
*does neb yn talu*
*er fod pawb yn prynu*
*draw yng ngwesty Cymru.*

Ond mae pawb yn iawn
maen nhw'n byw'n gyffyrddus
ac yn nofio yn y pwll
ond mae pawb yn iawn
maen nhw'n gwisgo'n deidi
i swpera yn y nos . . .

Ond mae pawb yn iawn
mae yr holl boblogaeth
yn bargeinio am ei lle
ond mae pawb yn iawn
draw yn 'Disgo Angau'
maen nhw'n dawnsio ar y Delyn o . . .

Ac fe'i gwelais hi
roedd hi'n mynd i'w 'stafell
efo rhywun diarth
ac rwy'n ei charu hi
er ei bod hi'n greulon i mi . . .

Ond mae pawb yn iawn
maen nhw'n byw'n gyffyrddus
ac yn nofio yn y pwll
ond mae pawb yn iawn
maen nhw'n gwisgo'n deidi
i swpera yn y nos . . .

*Gwesty Cymru*

*does neb yn talu*

*er fod pawb yn prynu*

*draw yng ngwesty Cymru*

*mae pawb yn synnu*

*pawb 'di meddwi*

*draw yng ngwesty Cymru*

*does neb yn talu*

*mae pawb 'di meddwi*

*draw yng ngwesty Cymru*

*mae pawb yn prynu*

*a does neb yn sylwi*

*draw yng ngwesty Cymru.*

℗ Geraint Jarman/Sain©

# 'Gwesty Cymru', Geraint Jarman a'r Cynganeddwyr
## – Marged Tudur

Nid yw taith ar hyd y prom yn Aberystwyth yn gyflawn heb weld giang o wylanod powld yn symud ar hyd y pafin. Nid yw'r daith yn gyflawn heb i rywun gicio'r bar gwyn gwargam ar odre Craig-glais. Ac nid yw'r daith yn gyflawn chwaith heb i mi a chyd-gerddwyr ganu'r geiriau 'Gwesty Cymru / does neb yn talu' wrth fynd heibio Gwesty Cymru ar Rodfa'r Môr. Tipyn o ryfyg a lol yw'r ddefod hon, ond defod hefyd sydd yn talu gwrogaeth i gân eiconig Geraint Jarman; cân a ryddhawyd ymhell cyn f'amser i.

Mae'n debyg fod 'Gwesty Cymru' yn gân sy'n dwyn i gof dalp o ieuenctid i rai, ond nid cân felly yw hi i mi. Wrth wrando arni fedra i ddim ail-fyw gigs a nosweithiau allan yn gyforiog o angst, dyheadau, cynnwrf a thwrw tanllyd. A dweud y gwir, does 'na ddim tamaid o deimladau cynnes, hiraethus, nostalgaidd yn cronni tu mewn imi wrth wrando chwaith. Pam dewis 'Gwesty Cymru' felly? Yn syml, am fod y geiriau'r un mor berthnasol yn 2017 â phan ryddhawyd hi gyntaf yn 1979. Ydyn, mae digwyddiadau 1979 yn ddylanwad amlwg ar 'Gwesty Cymru'; blwyddyn y bleidlais ar Ddydd Gŵyl Dewi yn erbyn datganoli a blwyddyn dyfodiad Margaret Thatcher a'r Blaid Geidwadol i rym ym mis Mai, ond gellir sodro'r gân hon yn hawdd yn 2017. Mae'r cyd-destun mor mor debyg. Does affliw o ddim wedi newid ac mae hynny yn codi ias oer, ac yn waeth fyth mae gwrando arni yn codi ofn. Bydd y gân hon yn perthyn ac yn berthnasol i unrhyw flwyddyn tra pery Cymru i gael ei defnyddio a'i gorthrymu a'i choloneiddio.

Nid cân yn trafod profiad unigol, personol yw 'Gwesty Cymru' ond cân a darn o farddoniaeth sydd yn ymateb yn uniongyrchol i sefyllfa, a honno yn sefyllfa argyfyngus. Dull Jarman o weithredu yn wyneb yr argyfwng yw canu amdano a thrwy ganu, gyrraedd pobl. Onid dyna bwrpas barddoniaeth? Fel y dywedodd Adrian Mitchell, 'Most people ignore most poetry because most poetry ignores most people.' Er bod y gân wedi ei henwi ar ôl gwesty ar Heol Casnewydd, Caerdydd, nid cân am y Gwesty Cymru hwnnw mohoni. Cymru gyfan yw ei westy ef. Rhyw Fawlty Towers shambolic o westy ydyw. Sefydlir hynny yn syth bìn yn y gytgan gan lais sy'n pigo cydwybod, a daw'r llais yn ôl bob hyn a hyn fel y mae llais cydwybod yn hoff o'i wneud gan roi pinsiad go hegar i'r tu mewn:

```
Gwesty Cymru
does neb yn talu
er fod pawb yn prynu
draw yng ngwesty Cymru.
```

Daw ymwelwyr i Gymru i 'brynu' ond eto nid ydynt yn talu am aros. Mae'n ddelwedd bwerus, yn enwedig o gofio am gyflwr Cymru wedi methiant refferendwm 1979. Mae'n debyg fod Jarman wedi teimlo rhwystredigaeth, siomedigaeth, chwerwder, gwylltineb a dadrith ac ydyn, mae'r emosiynau hyn i'w teimlo y tu ôl i'r geiriau, ond yn hytrach na llethu a mygu rhywun â hwy cymerodd gam yn ôl. O ganlyniad mae'r ddelwedd hon o Gymru wedi'i phuteinio a'i rhempio yn gymaint cryfach. Ac yn 2017, mae mwy o brynu nag erioed a hynny o Aberaeron i Abersoch ac o Benrhosgarnedd i Bont-y-pŵl.

Tra bod hyn yn digwydd, yr eironi yw ein bod ni fel Cymry yn dewis bod yn ddall bost i'r prynu yma a hynny am fod 'pawb yn iawn'. Gair pwerus, deifiol yw'r 'iawn' hwn, gair sy'n llawn 'ok' ydyw. Ac os ydan ni yn 'ok' ac yn cael amser da yn y gwesty, yna *so what*? Pa ots beth sy'n digwydd i'r gwesty ei hun?

Gall rhywun ddychmygu tafod Jarman yn ddwfn yn ei foch os yw'n dehongli'r ailadrodd 'mae pawb yn iawn' fel un smala. Rhyw ddweud sy'n dweud dim byd o gwbl, ac eto'n dweud y cyfan yw 'mae pawb yn iawn'. A dweud y gwir, mae fel petai wedi aeddfedu gydag amser ac yn fwy ystyrlon heddiw yn 2017 nag yr oedd yn 1987. Cyfarchiad ffasiynol erbyn hyn yw 'Ti'n iawn?' Oedd o ar dafod leferydd yn 1979? Erbyn heddiw pur anaml y clywir meddylgarwch ac anwyldeb 'Sut wyt ti?' a gofyn oes o'r blaen yw 'Pa hwyl?' neu 'Sut mae'n ceibio'? A beth yn union yw bod yn 'iawn'? Cyflwr disylwedd sy'n cuddio gwir deimladau ydyw. Rhyw fodolaeth ddigon gwag a diddim ac 'ok-aidd'.

Mae Jarman ei hun fel petai'n ymwybodol o'r cyflwr bas hwn ac mae'n ymuno yn y ffugio fel petai'n ceisio'i argyhoeddi ei hun ei bod hi'n iawn i fod yn 'iawn'. Y gwir plaen yw bod 'pawb 'di meddwi' yng Ngwesty Cymru a 'does neb yn sylwi' a dyna ni. Byw bywyd holidê mêcyrs a wneir.

Mae'n ddifyr tynnu cymhariaeth yma â chân yr Eagles, 'Hotel California' – y gwesty lled-ddychmygol, lled-ffuglennol hwnnw yn Los Angeles sydd, ar yr olwg gyntaf, yn bair o oleuadau'n fflachio a breuddwydion bras. Ond o gamu trwy ddrws y gwesty, fe sylwir ar y lletywyr sy'n 'prisoners here, of our own device' ac maent yn dawnsio – 'some dance to remember, some dance to forget'. Neges debyg sydd gan Jarman ond fod naws Gymreig a mwy brawychus i'w ddelweddau ef – mae'r lletywyr 'draw yn Disgo Angau' ac 'maen nhw'n dawnsio ar y delyn'. Chwerthinllyd ac eironig o drist yw mai 'dawnsio ar y delyn' a wneir, nid i synau band na gitâr. Gweithred haerllug ar ran 'Disgo Angau' yw rhoi'r delyn ar y *playlist*. A phwy fyddai'n cael 'Disgo Angau' mewn gwesty? Dim ond Gwesty Cymru! Beth am fynd gam ymhellach a nodi bod yna bobl sydd yn 'dawnsio' yn 'Nisgo Angau' Gwesty Cymru. Yr hyn sy'n waeth wedyn yw bod y boblogaeth honno 'yn bargeinio am ei lle'. Nid yw'r lletywyr hyd yn oed yn ymwybodol mai sŵn 'Disgo Angau' sydd yn y cefndir a'i bod hi'n rhy hwyr i fargeinio. Bargeinio wrth ddawnsio yn ystod *wake* neu wylnos y Gymru sydd ohoni. Pobl heb urddas a pharch ydyn nhw. Byddai rhai'n dadlau mai Angau ei hun sy'n dawnsio yma a bod 'y ddawns olaf' wedi bod. Oes, mae yma ddelweddau macabr a dychrynllyd o Westy Cymru a'i letywyr.

Dewch yn ôl at y geiriau 'does neb yn talu / er fod pawb yn prynu / draw yng Ngwesty Cymru'. Gwesty 'free for all' ydyw i bobl sy'n 'gwisgo'n deidi' ac yn byw'n 'gyffyrddus' yn fwy na dim byd arall. Waeth befo beth sy'n digwydd o'u cwmpas. A yw'r dosbarth canol proffesiynol yn ei chael hi yma, tybed – y rheiny sy'n gallu fforddio 'nofio yn y pwll' a 'swpera yn y nos'?

Gwenallt ddywedodd yn ei gerdd 'Cymru':

> Er mor annheilwng ydwyt ti o'n serch,
> Di, butain fudr y stryd â'r taeog lais,
> Eto, ni allwn ni, bob mab a merch,
> Ddiffodd y cariad atat tan ein hais.

Er ei fod yn meddu ar fynegiant mwy diaddurn na Gwenallt, yr un yw byrdwn Jarman yn y trydydd pennill. Trosir Cymru yn ferch sy'n mynd i ystafell yn y gwesty yng nghwmni dieithryn ond er gwaetha'i brad a'i hanffyddlondeb, mae'n amhosib peidio ei charu – 'ac rwy'n ei charu hi / er ei bod hi'n greulon i mi'. A dyna ogwydd arall ar berthynas rhywun â Chymru. Mae'n dangos cymhlethdod ein perthynas â hi – er y gwerthu a'r bradychu mae yma garu diamod.

Canu am bwysigrwydd cydsefyll a wna Dafydd Iwan yn ei ganeuon – annog a thynnu ei bobl ynghyd yw ei genadwri a'i dacteg. Mynd am y bogail a wna Geraint Jarman gan ddadberfeddu neu seicdreiddio, ein rhoi ar y soffa a'n sobri. Nid yw am i ni 'feddwi' a pheidio â sylwi fod 'pawb yn prynu . . . yng Ngwesty Cymru'. Mae am i ni weld Cymru fel y mae hi a'n gweld ni ein hunain fel ag yr ydan ni. Realydd ydyw. Bardd y palmentydd a'r strydoedd oer caled, bardd amlddiwylliannol (cofiwn amdano fel gŵr a ddaeth â rhythmau'r Rastaffariaid a cherddoriaeth *reggae* i'r Gymraeg), ac mae'r ffaith iddo ddod â'r bît a'r rhythm i ganol canon geiriau caneuon Cymraeg, boed hynny'n fwriadol neu beidio, yn faniffesto gwleidyddol ynddo'i hun.

Ai marwnad i genedl sydd wedi marw yw 'Gwesty Cymru'? Neu a ydym yn dal i ddawnsio'n chwil gaib yn nisgo angau? Deunaw mlynedd ar hugain sydd yna ers rhyddhau'r gân hon, deunaw mlynedd ar hugain a mwy felly o fod yn feddw ac mae'r wylnos – neu'r sesh wylnos – yn dal i fynd.

Efallai y byddai Jarman yn dadlau nad oedd ganddo faniffesto gwleidyddol wrth gyfansoddi geiriau 'Gwesty Cymru'; efallai mai dim ond adlewyrchu'r hyn a deimlai a throsi'r hyn a welodd yn 1979 a wnaeth. Ond cofier, a dyfynnu'r slogan adnabyddus, 'the personal is political'. Dyma gân sy'n rhoi peltan a gwers wleidyddol bwysig i ni heddiw fel ag y gwnaeth yn 1979. Dameg o gân yw hi – dameg 'Gwesty Cymru'.

Sain, 1980

## 'Tân yn Llŷn', Plethyn, *Golau tan Gwmwl* (1980)

*Beth am gynnau tân fel y Tân yn Llŷn?*
*Beth am gynnau tân fel y Tân yn Llŷn?*
*Tân yn ein calon a thân yn ein gwaith,*
*tân yn ein crefydd a thân dros ein hiaith.*
*Tân, tân, tân, tân.*
*Beth am gynnau tân fel y Tân yn Llŷn?*

D. J., Saunders a Valentine:
dyna i chwi dân gyneuwyd gan y rhain.
Tân yn y Gogledd yn ymestyn 'lawr i'r De,
tân oedd yn gyffro drwy bob lle.

Gwlad yn wenfflam o'r ffin i'r môr,
gobaith yn ei phrotest a rhyddid iddi'n stôr.
Calonnau'n eirias i unioni'r cam
a'r gwreichion yn Llŷn wedi ennyn y fflam.

Ble mae'r tân a gyneuwyd gynt?
Diffoddwyd gan y glaw a chwalwyd gan y gwynt.
Ai yn ofer yr aberth, ai yn ofer y ffydd
y cawsai'r fflam ei hailgynnau ryw ddydd?

℗ Ann Fychan/Sain©

# 'Tân yn Llŷn', Plethyn
## – Ifor ap Glyn

Beth yw canu gwleidyddol? Byddai rhai yn dadlau fod sgrifennu yn Gymraeg yn 'wleidyddol' ynddo'i hun. Mae hyd yn oed cân ddiniwed fel 'Ar lan y môr' yn rhyw fath o ddatganiad o hunaniaeth Gymraeg, yn syml, am ei bod hi 'drwy gyfrwng y Gymraeg'.

Mae cyd-destun yn ffactor bwysig hefyd. Cân ddiniwed arall yw 'Lisa Lân' ond mae'n magu arwyddocâd gwahanol o'i chanu nerth pen am dri o'r gloch y bore yng nghelloedd yr heddlu, ar ôl protest iaith!

Mae 'Tân yn Llŷn', ar y llaw arall, yn gân fwy amlwg 'wleidyddol' – ond fel y cawn weld, mae ei llwyddiant hithau hefyd wedi dibynnu ar 'gyd-destun' i ryw raddau. Yn yr ysgrif hon, byddaf yn ceisio dadansoddi be sy'n gwneud 'Tân yn Llŷn' yn gân effeithiol, yn gân wleidyddol effeithiol, ac yn wir, beth yw 'canu gwleidyddol'.

Ysgrifennwyd geiriau ac alaw 'Tân yn Llŷn' gan Ann Fychan, y bardd o Faldwyn. Gallwn olrhain gwreiddiau'r gân yn ôl i Benyberth ac 1936, bid siŵr, ond hefyd i gyflwyniad Merched y Wawr, a Thafarn yr Angel, yn Aberystwyth. Dyma Ann ei hun yn adrodd yr hanes mewn cyfweliad diweddar:

> Ar drothwy'r 1980au, ro'n i'n aelod o Ferched y Wawr Bro Ddyfi, a gofynnwyd imi lunio cyflwyniad ar y testun 'Gwarchod' ar gyfer cynhadledd Undeb yr Annibynwyr. Gan fod refferendwm 1979 newydd fod, cymeres i 'Gwarchod Cymru trwy'r Canrifoedd' fel fy nhestun. Cafodd 'Tân yn Llŷn' ei pherfformio am y tro cyntaf, felly, fel rhan o gyflwyniad ehangach, oedd hefyd yn cynnwys dawns a darnau adrodd.

```
Roeddwn i wedi addasu cerddi o wahanol gyfnodau ar
gyfer y peth, ond ro'n i wedi methu dod o hyd i ddim byd
addas oedd yn cyfeirio at y Tân yn Llŷn, felly es i ati
i lunio cân fy hunan. Ro'n i'n sâl yn y gwely hefo'r
tonsileitus ar y pryd ac yn fanno y daeth y gytgan a'r
pennill cynta imi!
```

Pan ddaeth galwad wedyn am ganeuon oedd heb eu cyhoeddi na'u recordio o'r blaen ar gyfer cystadleuaeth Cân i Gymru 1980, gwelodd Ann fod cyfle iddi gystadlu hefo'i chân newydd ac fe'i hanfonodd i mewn.

Roedd Cân i Gymru yn llai o 'sioe' yn y cyfnod hwnnw – doedd dim sôn am gamerâu teledu, ond roedd Radio Cymru yno'n recordio'r cyfan yn fyw o flaen cynulleidfa, yn nhafarn yr Angel yn Aberystwyth.

Y flwyddyn honno roedd Plethyn wedi'u dewis i ganu'r caneuon i gyd, ac mae Linda Griffiths, cantores Plethyn, yn cofio gofidio am hynny: 'Ro'n ni'n reit nerfus – dim ond wythnos oedden ni wedi'i gael i wneud y trefniannau ar gyfer yr wyth gân, a'u dysgu nhw.'

'Golau tan Gwmwl' oedd y gân a gafodd y wobr ar y noson gan y beirniaid, ond roedd apêl 'Tân yn Llŷn' yn amlwg o'r perfformiad cyntaf yna gan Plethyn: 'Cyn i ni orffen y gân roedd pobl wedi dechrau cydganu hefo ni, roedd y gytgan wedi cydio ynddyn nhw'n syth.'

A daeth y gân yn dipyn o anthem i Plethyn dros y blynyddoedd; byddai pobl yn gweiddi amdani o'r llawr yn ystod eu perfformiadau, a dyma'r gân y bydden nhw'n ei defnyddio i gloi'r noson yn aml iawn. Yn ôl Linda, 'Roedd hi'n grêt o gân i ni – *rouser* go iawn!'

Mae'n gân sy'n dechrau hefo bang, nid hefo'r pennill, ond yn syth i mewn i'r gytgan:

> Beth am gynnau tân fel y Tân yn Llŷn?
> Beth am gynnau tân fel y Tân yn Llŷn?
> Tân yn ein calon a thân yn ein gwaith,
> tân yn ein crefydd a thân dros ein hiaith.

Mae'r melodi'n esgyn drwy'r tair llinell gynta, ac mae'r elfen o ailadrodd yn helpu pobl i gofio'r geiriau. Does dim dwywaith ei bod hi'n hynod ganadwy. Ac yn ei chyfnod, roedd hynny'n ffactor bwysig yn ei phoblogrwydd. Tra bod 'Talu Bils' Rodney wedi cyrraedd can mil o bobl drwy'r cyfryngau cymdeithasol, roedd hi'n oes wahanol iawn ar ddechrau'r 1980au. Roedd record, radio a chyngerdd yn bodoli fel rŵan, ond mentraf ddweud mai un o'r 'cyfryngau cymdeithasol' pwysica ar y pryd oedd y traddodiad braidd yn anghofiedig hwnnw, sef canu yn y dafarn. Emynau a chaneuon gwerin fyddai'n cael eu canu gan amlaf, ond roedd ambell gân fwy cyfoes a mwy gwleidyddol i'w chlywed hefyd, fel 'Y Dref Wen', a 'Tân yn Llŷn'.

Ac roedd 'na dipyn o gynnwrf gwleidyddol ar y pryd. Cyfeiriwyd eisoes at siom y refferendwm. Er bod blynyddoedd cyntaf y 1980au yn rhai cymharol dawel i Gymdeithas yr Iaith, yn dilyn buddugoliaethau'r ymgyrch arwyddion ac ymgyrch S4C, roedd sawl mudiad arall yn gallu hawlio amser ac egni'r Cymry ifanc, o Blaid Cymru i'r WSRM

(Y Gweriniaethwyr Sosialaidd), Adfer a Cofiwn. Heb sôn am gefnogaeth i CND, y Mudiad Gwrth-Apartheid, a phrotestio yn erbyn toriadau cyntaf llywodraeth Thatcher.

Ond roedd rhywbeth arall ar gerdded yng ngwleidyddiaeth Cymru'r cyfnod, sef yr ymgyrch losgi. Rhwng Rhagfyr 1979 ac 1991 cafwyd dros ddau gant o ymosodiadau, ar dai haf yn bennaf. Roedd y mewnlifiad i gefn gwlad Cymru yn ei anterth, a Chyfrifiad 1981 yn dangos yn glir beth fyddai goblygiadau hynny i'r Gymraeg. Rhwng hynny a'r Refferendwm, rhwng Thatcher a'r Rhyfel Oer, roedd sawl rheswm dros deimlo'n ddiymadferth yn y Gymru oedd ohoni. A rywsut, roedd yr ymgyrch losgi yn teimlo fel dau fys yn erbyn sefyllfa amhosib. Fel y canodd Geraint Løvgreen yn ei gân 'Siarad' (1985):

> Dwi'n gwybod fod Cymru'n marw,
> dwi'n falch pan wela i dŷ haf ar dân ...

A dyna ddwy linell sy'n crynhoi cystal â dim y rhyddhad gwyrdroëdig roedd rhywun yn ei deimlo o glywed am losgi tŷ haf arall, peth na ellid ei resymu na'i gyfiawnhau; ymateb o'r perfedd yn hytrach na'r ymennydd oedd hyn.

Ac i'r rhai a oedd yn hoff o ganu mewn tafarnau, daeth dwy gân gyfarwydd yn boblogaidd yn y cyfnod hwn – ond hefo geiriau newydd. Dyma'r gyntaf (* sylwer ar y camynganiad bwriadol o ddychanol):

> Summertime ... and my house is on fire,
> Summertime ... some bastard's burnt it down,
> Summertime ... no more weekends in Gwyneth*
> I guess I better just fuck off back to Birmingham ...
>
> (Løvgreen/Gershwin)

Ac roedd yr ail yn fwy o siant nag o gân, sef ailadrodd y llinell 'We'll burn your houses down' ar dôn 'Those were the days my friend'. Dwy gân Saesneg, sylwer. Nid canu i ni ein hunain ond gwneud yn siŵr bod y byd tu allan yn deall. Geiriau bwriadol bryfoclyd, yn wahanol i 'Tân yn Llŷn'.

A theg nodi cyn mynd dim pellach NAD cân am yr ymgyrch losgi mo honno, fel mae Ann Fychan wedi pwysleisio droeon:

> Ro'n i'n ffan mawr o Dafydd Iwan, yn edmygu'i ddawn i gyfleu neges yn effeithiol. Ro'n i jest isio sgwennu rhywbeth i godi calonnau yn sgil rhwystredigaeth refferendwm 1979.

Cân hanes oedd hon mewn ffordd, yn cyfeirio'n ôl at un o drobwyntiau mawr y mudiad cenedlaethol:

D.J., Saunders a Valentine:
dyna i chi dân gyneuwyd gan y rhain.
Tân yn y Gogledd yn ymestyn lawr i'r De
tân oedd yn gyffro drwy bob lle.

Mae sawl awdur wedi troi at ein hanes, boed hanes diweddar neu hanes cynnar, wrth chwilio testun cân ac mae hyn yn wedd bwysig arall ar ein canu gwleidyddol. Gan fod ein system addysg yn rhoi cyn lleied o le i'n hanes fel Cymry, a'n cyfryngau torfol fawr gwell, rhaid inni greu ein cyfryngau ein hunain ac mae sawl artist wedi gwneud cyfraniad gwerthfawr i'r cyfeiriad hwn.

Ac mae'r traddodiad yn parhau. Yn ddiweddar, bûm yn gwrando ar Meic Stevens a Bethany Celyn yn rhannu llwyfan yng Nghaernarfon. Mae hanner canrif yn eu gwahanu o ran oedran, ond awydd i rannu ein hanes yn eu huno. Tra bod Meic yn canu am Dic Penderyn ac effaith yr Ail Ryfel Byd ar gymdeithas Solfach, cafwyd caneuon am y dywysoges Gwenllian a Chastell Dolbadarn gan y gantores ifanc o Ddinbych.

Rhaid inni wybod ein hanes ein hunain, er mwyn dysgu ohono, er mwyn cael ein hysbrydoli ganddo – a dyna ddyhead Ann Fychan yn 'Tân yn Llŷn':

Lle mae'r tân a gyneuwyd gynt?
Diffoddwyd gan y glaw, a chwalwyd gan y gwynt.
Ai yn ofer yr aberth, ai yn ofer y ffydd
y cawsai'r fflam ei hailgynnau ryw ddydd?

Tân symbolaidd yw tân Ann Fychan, nid anogaeth i losgi tai. A phetai unrhyw amheuaeth ynglŷn â hynny, cofier mai cân a ysgrifennwyd yn wreiddiol ar gyfer cyflwyniad i enwad yr Annibynwyr oedd hon! Ond ymddangosodd y gân mewn cyfnod pan oedd yr ymgyrch losgi yn ei hanterth, ac mae Ann yn cydnabod bod eraill wedi mynnu gweld cysylltiad rhwng y ddau beth:

Ond pan ddefnyddiodd newyddiadurwr o'r BBC y gân fel cerddoriaeth gefndir o dan ei adroddiad o gynhadledd Plaid Cymru y flwyddyn honno, wnes i gwyno'n swyddogol wrth y BBC - yr unig dro imi wneud hynny erioed. Roedd hi'n amlwg ei fod o'n trio defnyddio'r gân yn erbyn y Blaid, drwy led-awgrymu fod a wnelo'r Blaid rywsut â'r ymgyrch losgi.

Bron i ddeugain mlynedd yn ddiweddarach, ydi'r gân yn dal mor boblogaidd? Ydi, yn ôl Linda:

Wnaethon ni ein cyngerdd ola fel Plethyn adeg Eisteddfod Meifod yn 2015. Roedd pobl o bob oed yno ac roedd yn braf gweld fod lot o'r rhai iau yn gwybod y geiriau hefyd. Dwi ddim yn cofio neb yn ymateb yn anffafriol i'r gân erioed - heblaw un ffermwr yn Llanwrin wnaeth gerdded allan!

Llynedd, a hithau'n wyth deg mlynedd ers y Tân yn Llŷn gwreiddiol, gwelsom ddigwyddiadau 1936 yn cael eu dathlu – a'u cwestiynu – fel rhan o 'creation myth' y mudiad cenedlaethol. Tybed a all y gân hon o 1980 barhau i gynhyrfu barn yn yr un modd? Ac ysgogi gweithred?

Ac ai dyna binacl yr hyn rydym yn ei ddisgwyl gan ganu gwleidyddol? Cân sy'n ysgogi gweithred? Yr 'activists' anthem', chwedl y Sais, hefo slogan bachog? Er enghraifft: 'Rhaid yw eu tynnu i lawr' (Y Chwyldro), 'Sing if you're glad to be gay' (Tom Robinson) a 'Free Nelson Mandela' (The Special AKA).

Mae caneuon protest o'r fath yn tueddu i ddyddio'n gynt. Mae elfen o *built-in obsolescence* yn perthyn iddynt – y gobaith yw fod y broblem y maent yn protestio yn ei herbyn yn mynd i gael ei datrys/newid. Ac mewn perthynas â'r caneuon uchod, do, fe gafwyd arwyddion ffyrdd dwyieithog. Rhyddhawyd Mandela. Ac mae pethau'n well o lawer ar bobl hoyw nag oedden nhw'n ôl yn 1976. Mae'r caneuon, fe ellid dadlau, wedi gwneud eu gwaith.

Mae neges 'Tân yn Llŷn', ar y llaw arall, yn fwy oesol. Ac mae hi mor ganadwy ag erioed. Er inni ymelwa'n aruthrol ar botensial y cyfryngau cymdeithasol dros y degawd a hanner diwethaf, trueni fyddai anghofio potensial cyfrwng cymdeithasol hŷn o lawer – sef cydganu. Mae'n dod â phobl at ei gilydd, mae'n fodd i rannu neges a rhannu profiad. Ac yn yr oes bresennol, mae hynny mor bwysig ag erioed. Mae angen y 'tân yn ein calon' o hyd ac mae'n haws ei gadw ynghyn pan ddown at ein gilydd. Hir y parhao y canu ar 'Tân yn Llŷn' fel rhan o'n *repertoire* cyhoeddus.

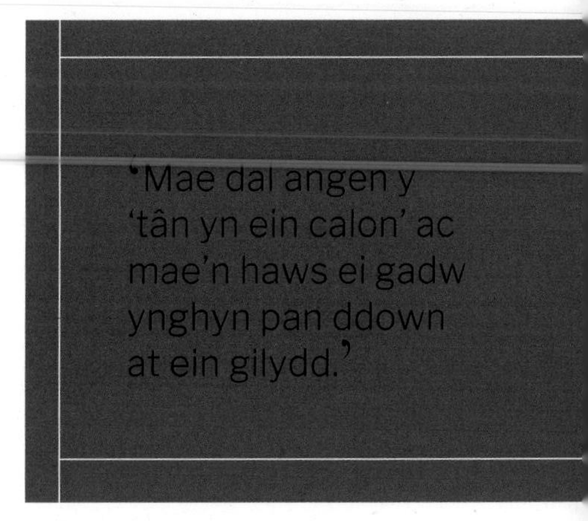


Felly beth yw canu gwleidyddol? Dywedodd T. H. Parry-Williams ryw dro nad oedd o'n credu yn y tylwyth teg, 'ond maen nhw'n bod'. Ga i gloi drwy aralleirio'r doethineb hwnnw: ni wn beth yn union yw canu gwleidyddol – ond gwn fod ei angen arnom.

# Yma o Hyd

Sain, 1983

## 'Yma o Hyd', Dafydd Iwan ac Ar Log, *Yma o Hyd* (1983)

Dwyt ti'm yn cofio Macsen
Does neb yn ei nabod o;
Mae mil a chwe chant o flynyddoedd
Yn amser rhy hir i'r co'
Pan aeth Magnus Maximus o Gymru
Yn y flwyddyn tri chant wyth tri
A'n gadael yn genedl gyfan
A heddiw - wele ni!

*Ry'n ni yma o hyd! Ry'n ni yma o hyd*
*Er gwaetha pawb a phopeth*
*Er gwaetha pawb a phopeth*
*Er gwaetha pawb a phopeth*
*Ry'n ni yma o hyd.*

Chwythed y gwynt o'r Dwyrain
Rhued y storm o'r môr
Hollted y mellt yr wybren
A gwaedded y daran encôr
Llifed dagrau'r gwangalon
A llyfed y taeog y llawr
Er dued yw'r fagddu o'n cwmpas
Ry'n ni'n barod am doriad y wawr!

Cofiwn i Facsen Wledig
Adael ein gwlad yn un darn
A bloeddiwn gerbron y gwledydd,
'Mi fyddwn yma tan Ddydd y Farn!'
Er gwaetha pob Dic Siôn Dafydd
Er gwaetha 'rhen Fagi a'i chriw
Byddwn yma hyd ddiwedd amser
A bydd yr iaith Gymraeg yn fyw!

℗ Dafydd Iwan/Sain©

# 'Yma o Hyd', Dafydd Iwan ac Ar Log – Pwyll ap Siôn

Ar wahân i'n hanthem genedlaethol, prin fod yna gân arall yn yr iaith Gymraeg sy'n adnabyddus i gynifer o bobl ag 'Yma o Hyd'. Erbyn heddiw, mae hi mor gyfarwydd â 'Calon Lân', 'Ar Hyd y Nos', 'Bread of Heaven' a 'Delilah', a hynny ymysg Cymry Cymraeg a di-Gymraeg fel ei gilydd. Fe'i cenir yn aml gan gorau cymysg wrth gynhesu'r dorf cyn gêm rygbi ryngwladol yn Stadiwm y Mileniwm neu dros system sain Parc y Scarlets a Chae Ras Wrecsam wrth i'r timau ddod i'r cae, ac mae trefniannau o'r gân wedi amrywio dros y blynyddoedd o DJ SG a Rhydian Roberts i Fand Pres Llarregub.

Mae'r gân wedi llwyddo i groesi ffiniau ieithyddol a gwleidyddol hefyd. Dewiswyd hi un tro gan y Tori Glyn Davies fel un o'i hoff ganeuon. Efallai mai cellwair oedd y Ceidwadwr, ond roedd James Dean Bradfield – prif leisydd a gitarydd y Manic Street Preachers – yn gwbl ddiffuant wrth ddewis 'Yma o Hyd' fel un o'i hoff ganeuon. Ar ôl ei chlywed am y tro cyntaf, dywedodd Bradfield, '[the song] just hit me somewhere between my heart and my brain – the perfect place for a song to hit you. I wish I knew how to bottle the feeling this song gives me.'

Dyma gân fwyaf adnabyddus Dafydd Iwan, ac mae'r ymadrodd 'Yma o Hyd' erbyn hyn yn gyfystyr â'r syniad o sefyll yn gadarn dros Gymru, yr iaith Gymraeg, ei hawliau, ei diwylliant, ei hanes, ei threftadaeth – ac efallai'n fwyaf pwysig – ei dyfodol. Felly beth sy'n gwneud 'Yma o Hyd' mor arbennig? Pam mae hi wedi cydio yn nychymyg cynifer o bobl, ac yn parhau i wneud hynny dros dri deg o flynyddoedd yn ddiweddarach? Beth yw cyfrinach ei phoblogrwydd? Ai cân wleidyddol yw hi mewn gwirionedd? Daw nifer o'r cwestiynau hyn yn berthnasol wrth bwyso a mesur arwyddocâd un o'r caneuon pwysicaf a gyfansoddwyd erioed yn yr iaith Gymraeg.

Rhaid craffu ychydig yn fanylach ar gefndir a chyd-destun 'Yma o Hyd' er mwyn deall ei harwyddocâd. Bu'r cyfnod yn dilyn canlyniad trychinebus refferendwm 1979 yn un o rincian dannedd ymysg nifer o genedlaetholwyr Plaid Cymru ac ymgyrchwyr Cymdeithas yr Iaith. Trodd yr hinsawdd wleidyddol yn fwyfwy negyddol gyda throad y 1980au wrth i afael haearnaidd asgell dde llywodraeth Dorïaidd Thatcher dynhau, wrth i'r ymgyrch dros sianel Gymraeg a'r ymgyrch losgi tai haf ddwysáu, wrth i'r rhyfel yn y Falklands rannu barn a rhwygo teuluoedd a theyrngarwch, ac wrth i ffigyrau diweithdra godi. Roedd angen rhywbeth i godi ysbryd y genedl. Clywid negeseuon mwy cadarnhaol mewn caneuon pop o'r cyfnod, yn annog y Cymry i ddal eu tir a chodi llais, ond roedd angen anthem genedlaetholgar newydd i herio polisïau cynhennus Thatcher.

Ac felly ganwyd 'Yma o Hyd'. Yn 1982, flwyddyn cyn ei chyfansoddi, daeth Dafydd Iwan a'r grŵp gwerin poblogaidd Ar Log ynghyd ar gyfer 'Taith 700' – taith i gofio saithcanmlwyddiant marw Llywelyn ap Gruffudd (Llywelyn Ein Llyw Olaf). Cyfansoddodd Dafydd y gân

'Cerddwn Ymlaen' i gyd-fynd â'r daith honno yn 1982. Fe gydiodd naws gadarnhaol y gân yn nychymyg nifer o Gymry. Dilynwyd hyn flwyddyn yn diweddarach gan daith arall. Y tro hwn bwriwyd y rhwyd hanesyddol yn ehangach, gan gysylltu'r flwyddyn 383 – pan adawodd yr ymerawdwr Magnus Maximus a'i luoedd Rhufeinig lain o dir a elwid erbyn hynny yn Gymru – ac 1983, un ganrif ar bymtheg yn ddiweddarach. Roedd Gwynfor Evans eisoes wedi awgrymu mai 383 oedd y dyddiad pryd y ganwyd Cymru fel cenedl, felly dyna eni'r syniad ar gyfer 'Taith Macsen'.

Symbyliad arall oedd sgwrs rhwng Dafydd Iwan a Dafydd ap Tomos (a sefydlodd Oriel Plas Glyn-y-Weddw gyda'i wraig, yr arlunydd Gwyneth ap Tomos, tua'r un cyfnod). Roedd Dafydd ap Tomos wedi dweud wrth y canwr fod gormod o'i ganeuon yn rhai trist, gan osod her iddo gyfansoddi cân bositif i ddathlu parhad Cymru, ei phobl, a'i hiaith. A hithau'n unfed awr ar ddeg i gael arwyddgan ar gyfer Taith Macsen, aeth Dafydd ati un noson i'w chyfansoddi yn ei dŷ yn y Waunfawr. Roedd argyfwng personol yn ei fywyd bryd hynny hefyd:

> Dwi'm yn cofio sgwennu lot o 'nghaneuon ond dwi'n cofio sgwennu 'Yma o Hyd'. Roedd pethe wedi dechrau dirywio yn fy mhriodas [gyda 'ngwraig gyntaf, Marion]. Ro'n i yn yr atig yn y tŷ a dwi'n cofio'r syniad yna yn dod at ei gilydd, fel sy'n digwydd yn aml, gyda'r gytgan: 'Dan ni yma o hyd / er gwaetha pawb a phopeth'. I ba raddau roedd fy amgylchiadau personol i'n bwydo mewn i'r peth, dwi ddim yn gwybod.

Cyfuniad o nifer o ffactorau a fu'n gyfrifol am 'Yma o Hyd', felly: sefyllfa ddigalon Cymru wedi'r refferendwm a'r angen am gân anthemig i herio'r hinsawdd wleidyddol; arwyddocâd 383 a Thaith Macsen gydag Ar Log; a sefyllfa bersonol Dafydd a'r angen iddo ddatgan ei fod ef, hefyd, 'yma o hyd'.

Yn unol â'i phrif neges, mae'r gân 'Yma o Hyd' hefyd wedi goroesi ar hyd y blynyddoedd, a hynny am ei bod yn cyfathrebu gyda phobl ar nifer o lefelau gwahanol. Soniwyd eisoes am ddimensiwn hanesyddol y gân sydd i'w glywed yn y pennill cyntaf a'r olaf. Fodd bynnag, *diflaniad* hanes yw testun y pennill cyntaf: ni wnaeth llawer o neb gofio am Facsen Wledig a'i ymadawiad â Chymru yn 383, ond ef wnaeth 'adael ein gwlad yn un darn'. Yn y pennill olaf daw Macsen yn ôl i'n hatgoffa y bydd Cymru'n aros yn wlad gyflawn, unedig, tan 'Ddydd y Farn' – cyfeiriad at yr hyn a ddywedodd Hen Ŵr Pencader wrth Harri'r Ail yn 1163 (ac a gofnodwyd gan Gerallt Gymro) pan ofynnodd Brenin Lloegr iddo pa obaith oedd yna mewn gwirionedd i'r iaith Gymraeg fyw. Mae'r ail bennill, gyda'i gyfeiriadaeth at rymoedd natur ('Chwythed y gwynt o'r Dwyrain, / Rhued y storm o'r môr'), yn adleisio'r traddodiad barddol a geiriau marwnad Gruffudd ab yr Ynad Coch: 'Poni welwch chwi hynt y gwynt a'r glaw? / Poni welwch chwi'r deri'n ymdaraw?' Dyma 'hanes' o fath gwahanol yn ymwthio drwy'r gân, felly: hanes ein hetifeddiaeth ddiwylliannol a chelfyddydol.

Beth am y gytgan? Yn hytrach na chyfeirio at hanes, daw'r gân â'r gwrandäwr i'r presennol. Clywir caneuon eraill gan Dafydd sy'n pwysleisio'r 'foment hon' neu'r 'rŵan hyn' (e.e. 'Rhywbryd fel Nawr'), ac mae cytgan 'Yma o Hyd' yn trafod yr un thema: 'Ry'n ni yma o hyd!' Tra bod thema hanesyddol 'Yma o Hyd' yn un bwysig, byrdwn y gytgan – fod pobl yn goroesi yn wyneb nifer o anawsterau – dyna'r neges sydd wedi cydio yn nifer o bobl. Mae'n dod ag agwedd bersonol i'r gân sydd yn cysylltu â ni: rydym i gyd wedi bod trwy gyfnod anodd ryw dro neu'i gilydd ac wedi dod drwyddi . . . O ganlyniad, daeth 'Yma o Hyd' yn arwyddgan i sawl clwb pêl-droed a rygbi, a sawl cymdeithas sydd wedi bod trwy gyfnodau caled ond sydd wedi parhau gan brofi dyddiau gwell. Yr hyn sy'n oesol ynglŷn ag 'Yma o Hyd' yw bod gwrandawyr yn gallu uniaethu â neges y gân ar sawl lefel. Mae slogan y gytgan yn golygu rhywbeth i bawb.

Mae edmygedd nifer o Gymry di-Gymraeg, pobl fel James Dean Bradfield, o 'Yma o Hyd' yn brawf ei bod hi'n bosib deall a gwerthfawrogi'r gân heb o angenrheidrwydd ddeall y geiriau. Ar un lefel mae ansawdd a graen llais Dafydd Iwan, ynghyd â lleisiau cefndir y corws, yn cyfleu angerdd a theimlad y neges. Mae'r naws gyffredinol a threfniant dychmygus Ar Log yn rhan bwysig o'i hystyr hefyd. Ar ddechrau'r recordiad gwreiddiol clywir drôn, yr haenau annelwig yn awgrymu niwl y gorffennol. Trwy'r niwl clywir sain gadarn y gitâr ac yna'r telynau Celtaidd yn gweithredu fel math o 'alwad i'r frwydr'. Perthyn sain werinol i'r penillion cyntaf – addas, gan mai gosod y cyd-destun hanesyddol yw'r bwriad – gyda'r harmoni yn pendilio rhwng y lleddf (A leiaf) a'r llon (C fwyaf). Mae'r gytgan yn mynd fwy i gyfeiriad roc anthemig gydag ychwanegiad y drymiau a'r gitar fas, ynghyd â symudiad cordiol cadarn o A leiaf i G fwyaf, eto'n atgyfnerthu'r neges 'Ry'n ni yma o hyd!'. Clywir hefyd ffigwr bachog, ffanfferaidd ei naws yn ateb alaw y gytgan, sydd eto'n cysylltu â'r syniad o 'alwad i'r frwydr'.

Fel y soniwyd eisoes, recordiwyd y gân ar y cyd rhwng Dafydd ac Ar Log, ac mae gan y gerddoriaeth a'r trefniant ran bwysig i'w chwarae yn llwyddiant y gân. Roedd Dafydd am ei chanu hi mewn tempo arafach, ond fe'i perswadiwyd yn y diwedd i dderbyn tempo cyflymach Ar Log. Rhoddodd hyn wedd fwy anthemig i'r gân, ac mae'r trefniant a'r recordiad yn profi'r pwynt: codi'r tempo, codi'r ysbryd.

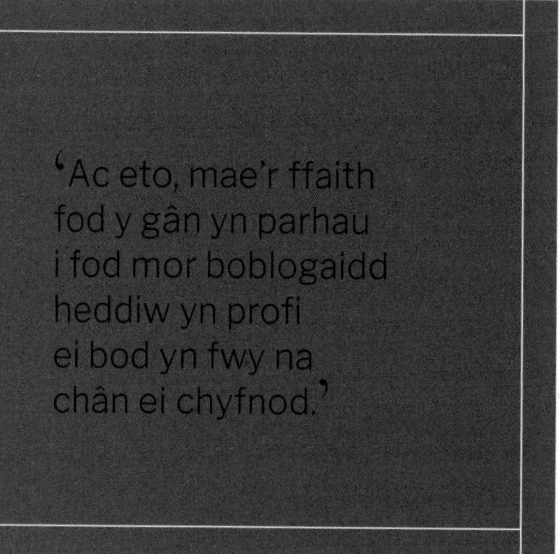


Roedd poblogrwydd 'Yma o Hyd' yn ddisyfyd, ac fe gydiodd y gân o noson gyntaf Taith Macsen. Pan aeth Dafydd ati i ffurfio band ar ddiwedd y 1980au i berfformio'i ganeuon, uchafbwynt a diweddglo pob cyngerdd oedd fersiwn roc o'r gân yn symud yn ddi-dor at gân Hefin Elis, 'I'r Gad'. Roedd pob sioe yn adeiladu at y medli o'r ddwy gân. Ond beth fu'n gyfrifol am barhad a phoblogrwydd 'Yma o Hyd'?

Dywed Siôn T. Jobbins yn ei lyfr *The Phenomenon of Welshness* mai cân 'yn y lle iawn ar yr amser iawn' oedd 'Yma o Hyd'. Mae yna elfen o wirionedd yn hyn. Elfen bwysig o'r ymateb i siom refferendwm 1979 oedd penderfyniad nifer i barhau i sefyll yn gadarn dros Gymru a'r iaith Gymraeg; ac yn fwy na hynny, i fynnu ei bod hi'n bosib mynd allan, cael hwyl, gadael fynd a datgan y ffaith nad oedd y sefyllfa yn mynd i'w trechu.

Roedd cyngherddau o'r fath yn fodd i nifer anghofio am broblemau'r iaith am ychydig. Roedden nhw'n ddihangfa. Ond, efallai'n fwy na neb arall, roedd Dafydd Iwan yn credu bod canu ac ymgyrchu yn ddwy ochr i'r un geiniog a'i bod yn bosib gwneud y ddau beth. Daeth caneuon gwleidyddol yn fodd i nifer ofyn cwestiynau ynghylch iaith a hunaniaeth gan wneud iddynt feddwl am Gymru mewn goleuni gwahanol. Dyna oedd bwriad Dafydd o'r cychwyn cyntaf – nid pregethu yn ei ganeuon, ond cael pobl i weld y pethau amlwg a'r pethau syml. Gweld Cymru mewn goleuni gwahanol ac yna penderfynu drostynt eu hunain beth – os unrhyw beth – roedden nhw'n mynd i'w wneud ynghylch y sefyllfa.

Nid cynrychioli amser a chyfnod yn unig a wna cân, ond cynrychioli ei hawdur ar bwynt penodol o ran oed ac amgylchiadau hefyd. Mae cyfnodau'r cyfansoddwr yn newid gydag amser a'r broses o sgwennu cân yn aml yn newid hefyd. Ni allai Dafydd fod wedi cyfansoddi 'Wrth Feddwl am fy Nghymru' ar unrhyw bwynt arall ond yng nghanol y 1960au, ac mae teimlad y gân yn perthyn i'w chyfnod. Ac mae'r un peth yn wir am 'Yma o Hyd'.

Ac eto, mae'r ffaith fod y gân yn parhau i fod mor boblogaidd heddiw yn profi ei bod yn fwy na chân ei chyfnod. Yn y broses o ddatgan y neges herfeiddiol sy'n perthyn i 'Yma o Hyd', tybed a ddigwyddodd yna symudiad seismig yn seici gwleidyddol y Cymry? Yn ôl Siôn Jobbins, fe wnaeth y gân 'newid hanes Cymru', a gellir ei gweld fel catalydd ar gyfer math newydd o genedlaetholdeb – un llawer mwy hunanhyderus. Bu canu protest y 1960au a'r 70au yn rhy barod i edrych yn ôl ac i ymddiheuro a dweud 'sorri ein bod ni yma'. Neges 'Yma o Hyd' yw ein bod ni'n *gwrthod* ymddiheuro. Rydan ni yma i aros. Rywle yn y fan yna mae cyfrinach 'Yma o Hyd'.

# Cocaine

Steve Eaves
a'i driawd

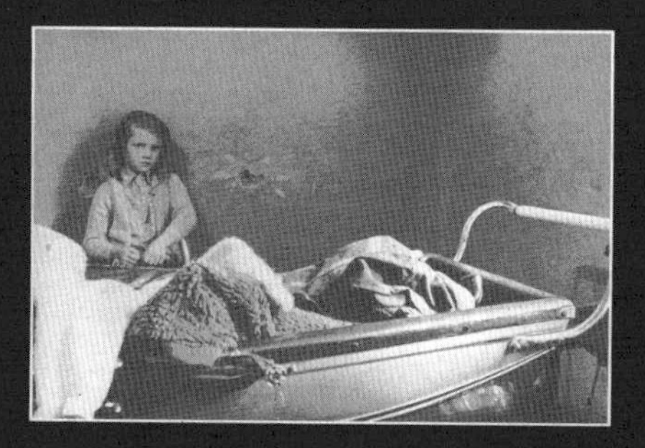

CYFALAF A CHYFADDAWD

Sain, 1985

## 'Cocaine', Steve Eaves a'i Driawd, *Cyfalaf a Chyfaddawd* (1985)

mae rhywbeth ar droed yng Nghaergybi,
mae'r stadau tai cyngor yn berwi o'r Glas
mae' nhw'n chwilio am yr heroin a'r cocaine newydd
sy'n lladd y petha' ifanc yng Ngwynedd ...
ac yma pan fo'r nos yn ddistaw
a neb yn cerdded y strydoedd hyn
dw'i jest â chlywed ein byd ni'n cracio
ac o'r cracia' daw y powdwr gwyn ...
Cocaine, cocaine, cocaine, cocaine.

mae rhyw gyfalafwr yn rhywle,
Porsche yn ei garej a'n pres ni yn ei fanc
'wnawn ni byth weld ei wynab ond mae'n nabod ninna'
a ninna'n nabod ei nwydda' ...
mae'n gas gen' i weld hen ffrindia
yn troi'n betha' canol oed
trwy dderbyn cyfalaf a chyfaddawd
a dwad at eu coed
a cocaine, cocaine, Y Gyfalafiaeth Newydd,
y gorthrwm newydd.

erbyn meddwl am y peth mi wn mai dwy ochr sydd
a mae hi'n rhyfel rhwng y 'Nhw' a 'Ni' ...
mae' nhw'n prynu ni'n rhad ar y naw
efo morgais a char a dillada' –
'dan ni'n gwerthu ein dicter am lwyth o gachu rwtsh
a cocaine, cocaine.

mae 'n hen bryd i Julie a finna
ddechra' meddwl o ddifri am symud i ffwrdd,
'toes 'na affliw o ddim byd i'n cadw ni yma
- dim ond sbio ar y machlud yn gwaedu.
O mae pawb isio rhyw achubiaeth
yn y syrcas yma dan y nef,
wel siŵr Dduw 'dan ni'n credu yn rhywbeth
ond 'dan ni ddim yn gwbod beth ...
Cocaine, cocaine, Y Gyfalafiaeth Newydd:
Cocaine.

℗ Steve Eaves/Sain©

# 'Cocaine', Steve Eaves a'i Driawd – Elis Dafydd

*Y Canol Llonydd Distaw* (1996) oedd yr albwm cyntaf gan Steve Eaves i mi ddod ar ei draws. Cael ei chwarae yn y car ar dripiau'n ôl a blaen i Feirionnydd yn ystod yr haf oedd o bryd hynny. Ac mae 'hafaidd' yn air da i'w ddisgrifio – alawon ysgafn, bron yn chwareus, a theimlad bodlon yn y geiriau Taoaidd fod popeth yn disgyn i'w le yn y 'gwacter mawr a hyfryd' sydd 'ynon ni i gyd yn llonydd fel llyn'; teimlad tebyg i fod yn glyd mewn car wrth yrru drwy Borthmadog ar ganol un o stormydd Awst.

Rhyddhawyd *Moelyci* wedyn yn 2007. Mae hwnnw'n agor gyda sŵn gitâr mwy dwys, cyn i sain ddwysbigol harmonica dorri ar ei draws ar ôl prin bedair eiliad, yn ddraenen ym meddwl y gwrandäwr, gan ein paratoi ni at yr hyn sydd i ddod, sef albwm myfyrgar – caled a chwerw, mewn mannau – am fywyd, marwolaeth, bywyd ar ôl marwolaeth, ein parhad ni, a pharhad y bobl a fydd yma ymhell ar ôl i ninnau fynd a darfod.

Ond yn rhyfedd iawn, un o'r ychydig ganeuon y bu Radio Cymru'n ddigon caredig i'w cadw'n fyw yng nghlustiau rhywun oedd 'Sigla dy din' oddi ar *Croendenau* (1992), ac er nad honno yw cân orau'r canon, roedd hi o leiaf yn rhoi rhyw gip inni ar wreiddiau blŵs Steve Eaves, gyda'i sôn am 'riffs John Lee'.

Pan ddois i'n ddigon hen i gael mynd i gigs Steve Eaves, wedyn, cefais glywed curiadau gobeithiol 'Lawr y lôn', a'r geiriau sy'n dyheu am y man gwyn man draw. Clywais ganeuon serch pruddglwyfus fel 'Dau gariad ail-law' a 'Hydref eto' am bobl na ellid eu disgrifio'n well nag fel 'beautiful losers', a defnyddio ymadrodd Leonard Cohen: arwyr a'r byd yn eu herbyn, merched sydd mor ddel nes bod eu prydferthwch yn brifo, a'r tinc chwerw o anobaith ac annhegwch yn eu hanes yn tynnu dagrau.

Yna, cyhoeddwyd *Ffoaduriaid*, y casgliad cyflawn, yn 2011 gan saethu'r caneuon anghofiedig yn ôl i'n sylw. Cafwyd mwy o'r hyn roeddwn wedi disgwyl ei glywed o fod wedi gwrando ar yr albyms uchod a mynd i'r gigs – 'Bore glawog' yn drwm gan aroglau'r blŵs, a 'Cymylau mewn coffi' yn darlunio merch yn dioddef annhegwch anochel y byd.

Ond yr hyn nad oedd fy nghenhedlaeth i wedi ai pharatoi ar eu cyfer oedd y caneuon gwleidyddol amrwd, cignoeth, caled: 'Hogiau Cyffredin' wedi eu hisraddio a'u diraddio – eu gwneud yn llai na dynion – gan y drefn, ac felly'n diraddio pobl y dônt i gysylltiad â nhw; 'Afrikaners y Gymru Newydd' yn trafod coloneiddio gogledd-orllewin Cymru, lle nad ydi cynefin y bobl sy'n byw yno yn ddim ond lle i weld 'fine views of Snowdonia heb fod ymhell o'r A55'; a 'Gorllewin Béal Feirste' yn edrych tuag Iwerddon ac yn ymdeimlo â'r gwae o gael yr UVF a'r RUC yn gysgodion angau ar y strydoedd, ac yn sôn am y Brits sydd am eu 'difa fel bydd neb ar ôl'. Nid am lonyddwch cawod o law ym Mhorthmadog ar bnawn Sul y mae rhywun yn meddwl wrth glywed y caneuon hyn, ond am yr haul yn boeth a choch a pheryg uwchlaw strydoedd concrit, dinesig Bangor.

Dim maniffesto, dim athroniaeth fwy aruchel na dim ond ymateb brys, argyfyngus, i broblemau'r dosbarth gweithiol a di-waith – a dyma'r tro cyntaf i'r dosbarth hwnnw gael mynegiant mor groyw a huawdl â hyn mewn cerddoriaeth boblogaidd Gymraeg. Ar gefn ei gyfrol o gerddi *Jazz yn y Nos*, disgrifir Steve Eaves fel 'sosialydd chwyldroadol o argyhoeddiad' ac yn rhagair ei gyfrol *Noethni*, sef casgliad arall o'i gerddi, dywed mai'r 'cyfraniad pitw hwn yw'r unig gyfraniad y gall y llenor ei gynnig i hyrwyddo Anhrefn a Chwyldro yng Nghymru heddiw'.

Ond mae rhywfaint yn fwy o athroniaeth ac o feddwl yn haenau 'Cocaine' a gynhwyswyd ar yr albym *Cyfalaf a Chyfaddawd* (1985): awgrym fod angen uno er mwyn anhrefn, ac ymdrefnu er mwyn chwyldro.

Wrth drafod y bardd o'r bymthegfed ganrif, Dafydd Nanmor, dywedodd Saunders Lewis fod ' "Tŷ" i Ddafydd Nanmor yn air cyfrin, yn un o dermau mawr gwareiddiad; yn arwydd o feistrolaeth dyn ar ei dynged'. Dim o'r fath beth yn 'Cocaine'. Mae'r 'stadau tai cyngor yn berwi o'r Glas' ac 'mae' nhw'n chwilio am yr heroin a'r cocaine newydd / sy'n lladd y petha' ifanc yng Ngwynedd . . . '. Mae'r geiriau 'petha' ifanc' yn delweddu diymadferthedd y bobl hyn mewn modd sydd bron yn nawddoglyd. Ond pwy na allai beidio ag edrych i lawr arnyn nhw? Ar y llawr maen nhw – allan nhw ddim mynd yn is nag ydyn nhw'n barod, ac enwir yr heddlu, sef un o offerynnau'r drefn sy'n eu cadw dan draed.

Mae'r llefarydd 'jest â chlywed ein byd ni'n cracio': mae'r drefn gyfalafol yn gwneud i'w byd nhw wegian, ac nid golau, nid gobaith (fel yn 'Anthem' Leonard Cohen) sy'n llifo i mewn drwy'r craciau, ond 'y powdwr gwyn: cocaine'.

Ond nid cân am bobl yn cymryd cyffuriau er mwyn anghofio am dlodi a llymdra'u bywydau o dan y drefn sydd ohoni (yn yr un ffordd ag y mae cân fel 'Bore glawog' yn sôn am rywun yn yfed gormod wrth alaru ar ôl i berthynas ddod i ben) yw 'Cocaine'. Mae tor-perthynas yn beth anochel y mae'n rhaid ei dderbyn, yn un o ffeithiau bywyd. Nid felly'r drefn sydd ohoni; nid rhywbeth i'w derbyn mo honno, ond rhywbeth i frwydro'n ei herbyn, ac nid trwy droi at gyffuriau y mae gwneud hynny – mae hynny'n un o'r pethau agosaf at bechod yng ngolwg llefarydd y gân hon. Dylid nodi nad ydi 'llefarydd' ac 'awdur' cân yr un un, bob tro, yn enwedig yng nghaneuon Steve Eaves. Yn amlach na pheidio, mae ei ganeuon yn *vignettes*, yn olygfeydd neu'n ddramâu bychain. Un, neu fwy, o gymeriadau'r dramâu hyn yw'r llefarydd ynddynt, felly nid barn neu ragfarn yr awdur sydd i'w clywed yn y caneuon, o angenrheidrwydd.

Mae'r pennill nesaf yn darlunio

> ... rhyw gyfalafwr yn rhywle,
> Porsche yn ei garej a'n pres ni yn ei fanc
> 'wnawn ni byth weld ei wyneb ond mae'n nabod ninna'
> a ninna'n nabod ei nwydda' ...

Ond ni nodir pa fath o gyfalafwr yw hwn – ai gwerthwr cyffuriau neu berchennog un o siopau'r stryd fawr; ydi o'n gwerthu heroin ynteu setiau teledu? Neges y gân hon yw mai'r un ydi'r ddau. Yr un yw eu nod – cadw pobl yn slaf i gynnyrch arbennig, gwerthu rhywbeth iddyn nhw er mwyn iddyn nhw deimlo'n well amdanyn nhw'u hunain a'u hamgylchiadau, a gwneud iddyn nhw anghofio mai eu hecsbloetio nhw a chreu elw i eraill ydi nod y drefn sydd ohoni:

> mae'n gas gen' i weld hen ffrindia
> yn troi yn betha' canol oed
> trwy dderbyn cyfalaf a chyfaddawd
> a dwad at eu coed
> a cocaine, cocaine ...

Daw'r chwyldro, daw'r gwrthryfel, daw ieuenctid ei hun, i ben wrth i rywun droi at gyffuriau. Mae'n golygu eu bod nhw'n derbyn y drefn, yn derbyn yr anghyfiawnder. Mae'r drefn honno yn cam-drin pobl ac yn eu cadw ar lawr, a daw'r *cocaine* wedyn i selio goruchafiaeth y drefn honno dros bobl wrth iddyn nhw ganolbwyntio ar yr hit nesaf, ildio'u cydwybod cymdeithasol, a chau eu llygaid i'r hyn sy'n eu gorthrymu nhw.

*Cocaine* ydi'r 'Gyfalafiaeth Newydd, / y gorthrwm newydd' sy'n golygu nad ydi pobl yn ymladd yn erbyn yr hen un. Dwy ochr sydd, ac mae hi'n 'rhyfel rhwng y "Nhw" a "Ni"'. Mae'r gân hon yn alwad i'r gad, ond mae gan y cadfridog hwn fynydd i'w ddringo. Nid nad oes yna anfodlonrwydd, nid nad oes yna deimlad o anghyfiawnder ac annhegwch, ond maen nhw'n gallu ein 'prynu ni'n rhad ar y naw / efo morgais a char a dillada', nes ein bod ni'n 'gwerthu ein dicter am lwyth o gachu rwtsh / a cocaine, cocaine'.

Mae pobl yn fwy na bodlon cyfnewid eu dicter am rywbeth sy'n mynd i'w leddfu – a'i leddfu'n sydyn. Mae newid y drefn yn mynd i gymryd yn rhy hir, ac mae ar rywun angen ateb syth-bìn i'w ddicter a'i anniddigrwydd. Mae dyddiau chwyldro ar ben, ac mae byw yng nghanol pobl y mae'n well ganddynt y datrysiadau sydyn yn gwneud i'r llefarydd a'i gariad feddwl y byddai'n well eu gadael:

> mae'n hen bryd i Julie a finna'
> ddechra' meddwl o ddifri am symud i ffwrdd,
> 'toes 'na affliw o ddim byd i'n cadw ni yma
> – dim ond sbio ar y machlud yn gwaedu.

Mae'r *cocaine* yn achosi unigolyddiaeth ymysg y dosbarth gweithiol. Daw'r dosbarth gweithiol wedyn yn ddim ond categori economaidd yn hytrach na chriw o bobl y mae eu dyheadau a'u gobeithion yn eu clymu nhw wrth ei gilydd, a dydi'r llefarydd ddim yn teimlo unrhyw gysylltiad efo'r bobl y mae o'n byw yn eu mysg nhw bellach. Canol y 1980au yw cyd-destun y gân hon, wrth gwrs. Cyfnod lle roedd cyfalafiaeth yn cymryd lle cymunedoliaeth, fel y disgrifiad yn 'Afrikaners y Gymru Newydd' – y 'lorris

> '... dydi'r llefarydd ddim yn teimlo unrhyw gysylltiad efo'r bobl y mae o'n byw yn eu mysg nhw bellach.'

a'r JCBs yn chwalu'r neuadd yn dipiau', 'garden centre enfawr yn lle yr hen dai teras, / ac yn lle tŷ Frankie, maes parcio mawr'.

A dyna'r hyn sy'n gwneud 'Cocaine' yn gân oesol sy'n pontio rhwng gwahanol safbwyntiau gwleidyddol – mae hi'n mynd i'r afael â holl gymhlethdodau meddu ar safbwynt gwleidyddol sy'n mynd yn erbyn y *status quo*. Ni waeth pa safbwyntiau sydd gan rywun, os ydi o yn y lleiafrif, mewn grŵp gorthrymedig, mae'n dra thebygol ei fod wedi teimlo anobaith a rhwystredigaeth. Mae'r teimladau hynny'n codi nid yn unig oherwydd bod y drefn yn ei erbyn, ond oherwydd nad oes ar y bobl y mae o'n dyheu am weld eu hachub ddim eisiau achubiaeth, neu oherwydd nad ydyn nhw'n gweld bod arnyn nhw angen cael eu hachub. Rhywbeth tebyg i hynny a welir yn y llinellau 'Y gwrol un a gâr wlad / a gwerin na fyn gariad' yn 'Y Gŵr sydd ar y Gorwel', Gerallt Lloyd Owen.

Ond nid bod yn 'wrol' y mae'r llefarydd am ei wneud, ond gadael. Mae ganddo ryw agwedd 'stwffio chi 'ta – i be'r a' i i drafferthu?' A phwy all ei feio, mewn gwirionedd? I be'r aiff i aros yn rhywle ddim ond i gael ei siomi? Gwelwyd agweddau tebyg ymysg cenedlaetholwyr Cymru yn ddiweddar, a llwyth ohonyn nhw'n trydar eu bod nhw am symud i'r Alban ar ôl i'r wlad honno, yn wahanol i Gymru, bleidleisio i aros yn yr Undeb Ewropeaidd.

Gwadu'i ddyletswydd i barhau i frwydro fyddai'r llefarydd yn ei wneud petai o'n gadael – gwneud yr union beth mae o'n collfarnu pobl eraill am ei wneud; claddu'i ben yn y tywod, yn union fel rhywun yn troi at *cocaine*.

Digon hawdd sefyll ar stryd fawr Bangor yn gwylio'r tyrfaoedd yn mynd heibio a tharanu'n bod ni'n 'gwerthu ein dicter am lwyth o gachu rwtsh'. Ond mae cymaint o newyddion drwg, cymaint o anghyfiawnder, a chymaint o ddioddef, nes bod maint y cyfrifoldeb a'r gwaith yn llethol. Cymaint haws ydi defnyddio rhywbeth, boed y peth hwnnw'n grefydd, yn nwyddau masnachol neu'n gyffuriau er mwyn anghofio'r cyfan. Yng ngeiriau Bob Delyn a'r Ebillion, 'Mae'r byd yn hyll a be 'dan ni haws?'

Mae'n rhwydd gweld pobl Cymru fel gwymon llipa sy'n fodlon cael eu sgubo'r naill ffordd a'r llall gan symudiadau mawr gwleidyddiaeth ein dydd: Brexit, Trump, llymder, difodiant cymunedau Cymraeg. Ond allwn ni ddim fforddio camgymryd diymadferthedd am apathi. Mae yna awydd i newid pethau – fyddai pobl ddim yn troi at *cocaine* na dim byd arall i leddfu eu poen petai pethau'n iawn fel maen nhw. Yr hyn sydd angen i'r llefarydd ei wneud ydi dangos y ffordd, gwneud gweithredu yn fwy atyniadol nag anghofio, gwneud ymladd yn ôl yn fwy atyniadol nag ildio. Oherwydd os na wnaiff o ei hun wneud hynny, mae'r misoedd diwethaf wedi dangos yn glir y bydd rhyw gyfalafwr yn rhywle yn ddigon parod i 'ddewis ei gelwydd a'i alw fo'n wir', fel y dywedodd Myrddin ap Dafydd wrth sôn am hanes Cymru, er mwyn ceisio ennill y bobl y mae'r llefarydd yn eu collfarnu i'w gorlan ei hun. Nid Donald Trump fydd y gwleidydd olaf i addo bywyd gwell er mwyn hyrwyddo'i agenda ddinistriol ei hun. Mae gen i deimlad fod llefarydd 'Cocaine' yn gwybod hynny hefyd:

> ... mae pawb isio rhyw achubiaeth
> yn y syrcas yma dan y nef,
> wel siŵr Dduw 'dan ni'n credu yn rhywbeth
> ond 'dan ni ddim yn gwbod beth ...

Recordiau Anhrefn, 1985

## 'Gwlad ar fy Nghefn', Datblygu, *Wyau* (1988)

Maes Eisteddfod anhysbys
VD ar werth yn y maes pebyll
Ond byddwch slebog cyn bod yn briod
Cymrwch asid cyn bod yn athro.
Ac rwy'n teimlo fel Cymdeithas yr Iaith
Neu ddyn dall yn chwilio am waith
Ac mae pob cliché'n ffaith
Ac mae cerdded un cam gormod fel taith.
Ac mae byw yng Nghymru
Yr un peth a syllu ar y paent yn sychu
Ar y gwair yn tyfu.
Mae byw yng Nghymru
Yr un peth a syllu ar y paent yn sychu
Ar y gwair yn tyfu lan.

Dydd Sul blin ym Mhen Llyn
Ac mae pync yn cuddio ar gornel
Crap apêl y capel
Ond mae'i seidr yn surach na'r Beibl
Cadwch Talwrn y Beirdd
Y maciau plastig, y teiau llydan
Dyn nhw byth yn gwrthod brechdan
Ac nhw'n chwerthin pan mae pawb arall yn.
Byw yng Nghymru
Yr un peth a syllu ar y paent yn sychu
Ar y gwair yn tyfu.
Mae byw yng Nghymru
Yr un peth a syllu ar y paent yn sychu
Ar y gwair yn tyfu lan.

Yr un hen Noson Lawen
Gormodaeth o deisennau menyn
Ehangiad o'r Orsedd a'r Urdd
Pob dinesydd gwledig yn sugno ei laswellt.
Byw yng Nghymru
Yr un peth a syllu ar y paent yn sychu
Ar y gwair yn tyfu lan.
Tyfwch lan.

® David R. Edwards/Ankstmusik©

# 'Gwlad ar fy Nghefn', Datblygu – Griff Lynch

Wrth feddwl am ganeuon Datblygu mae 'na sawl peth yn neidio i'r meddwl. Peiriant drymiau Roland yn poeri curiadau cyson. Pat o'r grŵp yn mwytho'r allweddell gan ganu nodau'r disgordiau. Sŵn gitâr sydd jest abowt ddigon 'mewn tiwn' i gyfiawnhau cord. Ond rhowch synau arbrofol a chwyldroadol y band o'r neilltu am eiliad oherwydd mewn gwirionedd cefndir addas ydi hwn i farddoniaeth y 'bardd heb ei urddo', sef David R. Edwards.

Mae gan David ffordd gwbl unigryw gyda geiriau, ffordd sydd ddim yn orflodeuog, ond ffordd sy'n llwyddo i adrodd cyfrolau. Drwy hollti a phoeri ei frawddegau crafog drwy'i ddannedd, llwyddodd David i uniaethu â sawl cenhedlaeth o Gymry Cymraeg. Yn wir, mae nifer fawr o ganeuon Datblygu yn taro tant ac yn berthnasol, nid yn unig i genhedlaeth Thatcher yr 80au hwyr a brofodd Datblygu yn eu hanterth, ond hefyd i genhedlaeth heddiw, y 'Millennials', sy'n wfftio at hen draddodiadau, ond yn teimlo caledi dirwasgiad y byd modern ac yn teimlo ansicrwydd ynglŷn â'u dyfodol.

Roedd hi'n anodd dewis un gân gan Datblygu i'w thrafod ar gyfer y gyfrol hon. Wedi'r cwbl, mae yna ganeuon rif y gwlith gan David sy'n torri tir newydd ym maes canu protest a chanu gwleidyddol yng Nghymru. Y gân amlwg i sôn amdani fyddai 'Cân i Gymry', cân sy'n un traethawd hir yn codi dau fys a thynnu 'stumiau ar y diwylliant Cymraeg eisteddfodol, traddodiadol:

```
Gradd da yn y Gymraeg,
    ar y Volvo bathodyn tafod y ddraig.
Hoff o fynychu pwyllgorau blinedig
    - am ddyfodol yr iaith yn enwedig.
```

Mae'n eithaf eironig fod y gân hon bellach yn cael ei chwarae yn gymharol aml ar donfeddi Radio Cymru a da o beth fod geiriau fel hyn yn cael eu clywed – 'Heb anghofio codi stŵr am straen angheuol job y gŵr. / Mae'n gorfod gweithio un tan dri yn gynhyrchydd BBC.'

I mi, oherwydd poblogrwydd y gân, a'r melodi hafaidd hyfryd sy'n gyfeiliant iddi, mae rhywfaint o bigiad y geiriau yn cael ei anghofio. Bron na ellir cymryd y geiriau'n ysgafn, gellir chwerthin ac yna symud ymlaen gyda'ch diwrnod. Dyna pam fy mod wedi penderfynu trafod cân arall, sy'n debyg iawn o ran cynnwys, ond sydd â geiriau ac alaw llawer mwy *gritty* ac amrwd, sef 'Gwlad ar fy Nghefn'.

Rhoi cic i'r sefydliad Cymraeg, dyna a wna David R. Edwards yn 'Gwlad ar fy Nghefn'. Mae hon yn fwy o gri am chwyldro, yn waedd am anhrefn, gan wfftio diflastod y sefydliad Cymraeg. Nid gwneud hwyl am ben y sefydliad yn ysgafn a diniwed a wna ond bloeddio 'Ffyc Off':

Maes Eisteddfod anhysbys
VD ar werth yn y maes pebyll
Ond byddwch slebog cyn bod yn briod
Cymrwch asid cyn bod yn athro.
Ac rwy'n teimlo fel Cymdeithas yr Iaith
Neu ddyn dall yn chwilio am waith
Ac mae pob cliché'n ffaith
Ac mae cerdded un cam gormod fel taith.

Mae'n bwysig deall yma nad ydi David wir yn crefu ar athrawon Cymru i ollwng tab o asid yn eu Weetabix cyn mynd i'r ysgol nac yn galw ar ddarpar-wŷr i beidio â gwneud ymdrech yn eu bywydau carwriaethol. Y neges sy'n bwysig. PEIDIWCH â charlamu ar hyd llwybrau'r system gymdeithasol gonfensiynol. PEIDIWCH â derbyn swydd a gwneud penderfyniadau pwysig mewn bywyd ar sail 'y drefn arferol' – trefn y mae Cymreictod â'i wreiddiau'n ddwfn ynddi. Ond pam peidio dilyn y drefn? Mae'n debyg mai neges llawer o artistiaid chwyldroadol ar hyd yr oesoedd ydi, fel y sonia David, i ni beidio â throi'r 'cliché yn ffaith' a bod rhaid chwalu hen draddodiadau er mwyn creu rhai newydd i gynrychioli y diwylliant mewn ffyrdd newydd. Wrth ddilyn yr hen ffyrdd, 'mae cerdded un cam gormod fel taith'.

Roedd canu pop Cymraeg erbyn diwedd yr wythdegau yn perthyn yn agos iawn i'r traddodiad canu protest. O ddiwedd y chwedegau ymlaen, roedd grwpiau fel Chwyldro yn canu 'Rhaid yw eu tynnu i lawr', roedd Tecwyn Ifan yn sôn am gilio i'r Fro Gymraeg i achub yr iaith a'i diwylliant ac fe glywyd negeseuon ychydig yn fwy cynnil yn wleidyddol fel a gafwyd yn 'Ethiopia Newydd' gan Geraint Jarman. Y mae canu protest Cymraeg i bob pwrpas yn golygu canu gwladgarol.

Ond fel y dengys y gytgan, nid chwyldro ieithyddol a gwleidyddol y gofynnir amdano. Nid ysfa am 'hen ffordd Gymreig o fyw' sy'n gyrru'r geiriau, ond diflastod. Meddai, 'Ac mae byw yng Nghymru / Yr un peth a syllu ar y paent yn sychu / Ar y gwair yn tyfu lan.' Diflastod gyda'r drefn a'i thraddodiadau a fynegir yma. Diflastod troi a throi yn yr un cylchoedd parhaus. Diflastod oedd mor amlwg ym mywydau cenhedlaeth Thatcher. Diflastod y Cymry Cymraeg yn neidio ar y trên grefi. O ystyried fod hon yn gytgan sy'n codi lefelau fy adrenalin wrth wrando arni nawr am y milfed tro, alla i ddim ond dychmygu'r wefr o glywed David yn canu'r geiriau hyn am y tro

cyntaf yn ôl yn 1989, a hynny ar ôl degawdau o ganu gwladgarol. 'Mae byw yng Nghymru yn ddiflas' yw byrdwn David. Neges gwbl newydd oedd yn uniaethu â chenhedlaeth gwbl newydd.

Wrth gwrs, tydi David ddim yn casáu Cymru. Mae o'n genedlaetholwr mawr ac un o'i brif amcanion oedd cyfrannu at y diwylliant. Does dim ond angen i chi edrych ar ei restr caneuon uniaith Gymraeg i sylweddoli hynny. Mae David am i ni feddwl, ai sefydliadau fel Talwrn y Beirdd, y Noson Lawen, y Capel a'r Eisteddfod ydi unig ddyfodol ein diwylliant? Maen nhw'n rhan bwysig, wrth gwrs, ond nid dyma graidd ein diwylliant. Mae'n rhaid i'r diwylliant Cymraeg fod yn fwy na 'ehangiad o'r Orsedd a'r Urdd'.

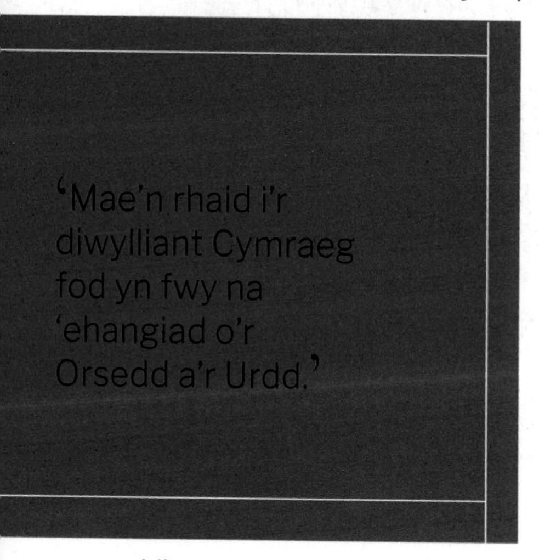


'Crap apêl y Capel / ond mae'r seidr yn surach na'r Beibl,' meddai. Dyma rai o fy hoff linellau yn y gân, mae 'na sŵn arbennig i'r geiriau sy'n saethu'n syth i'r glust. Mae'n crynhoi'r ymdeimlad o anobaith a diflastod. Tydi traddodiad y capel ddim yn cynrychioli bod yn Gymro ifanc ddiwedd yr 80au i David, ond beth sydd? Mae'r bywyd cymdeithasol yn 'surach na'r Beibl' hyd yn oed. Mae yna ryw anobaith unigryw yn perthyn i'r llinell hon, sydd hefyd yn codi ei ben yng nghaneuon grwpiau fel Y Cyrff a'r Anhrefn, yn ogystal â grwpiau poblogaidd eraill y cyfnod ym Mhrydain megis The Fall a The Smiths.

Wrth ystyried amgylchiadau gwleidyddol y cyfnod – y Toriaid mewn grym, diweithdra, anobaith, a'r Gymraeg, ar sawl ystyr, wedi dechrau plygu i'r drefn honno – does dim syndod fod David yn sgwennu yn yr arddull hon. Mae 'Gwlad ar fy Nghefn' yn arswydus o berthnasol heddiw. Wrth glywed David yn ynganu'r geiriau, mae'n rhaid petruso a gofyn, oes 'na garfan o'r Cymry, hyd yn oed heddiw, yn byw'n 'saff' ac yn anwybyddu craciau'r sylfeini? Oes 'na Gymry yn eu 'maciau' a'u 'teiau llydan' yn gweithio i sefydliadau cyhoeddus ac i'r cyfryngau? Oes 'na Gymry sydd 'byth yn gwrthod brechdan / ac mae nhw'n chwerthin pan mae pawb arall yn'? Oes 'na sawl 'dinesydd gwledig yn sugno ei laswellt'? Yr ateb – oes, oes, oes ac oes. Nid yw'n syndod felly fod cenhedlaeth newydd ac ifanc o fandiau Cymraeg yn uniaethu â David a'i athroniaeth unigryw wrth i bobl deimlo fwyfwy fel 'dyn dall yn chwilio am waith' wrth i'r 'teisennau menyn' brinhau.

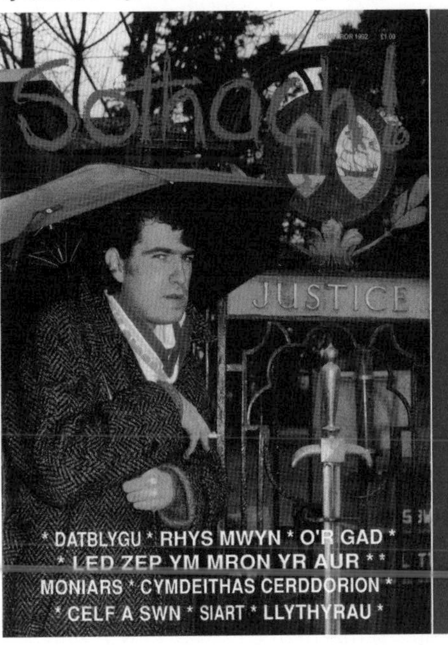

# Cymru, Lloegr a Llanrwst

Y CYRFF

Probe Plus, 1989

## 'Cymru, Lloegr a Llanrwst', Y Cyrff, *Yr Atgyfodi* (1989)

Pryd ma llygad fi jyst yn methu symud o'r gongol,
weithiau mae'n sbio ochr yma
ond 'di o byth yn ddigonol.
Rhywun yn gofyn wrtha fi
'Hei, beth sydd ar werth yma heno?'
Trosi a throsi yn fy meddwl, does 'na ddim byd yno.

Sôn amdan Cymru, Lloegr a Llanrwst!
Sôn amdan Cymru, Lloegr a Llanrwst!

Pryd mae'r byrddau'n dechrau fflio
dwi jyst yn eistedd yma'n llonydd,
Dyma'r unig amser pryd dwi byth yn teimlo'n aflonydd.
Heno gwaed a gwydr ar y llawr yn y toiledi
ond alla i ddim cydymdeimlo hefo'r sgwodi.

Os ti ddim yn gwybod be sy'n iawn
wel, paid ag eistedd yna'n gwenu,
os dwi'm yn gwybod be dwi'n dweud
wel, paid â chwerthin ar fy mhen i,
ar fy mhen i, ar fy mhen i.

Rhywun yn gofyn wrtha fi
'Hei, beth sydd ar werth yma heno?'
Trosi a throsi yn fy meddwl, does 'na ddim byd yno.
Tyrd hefo fi lle 'di'r anifeiliaid byth yn mentro
a gawn ni siarad am Cymru, Lloegr
a Llanrwst unwaith eto.

Ⓗ Y Cyrff©

## **'Cymru, Lloegr a Llanrwst', Y Cyrff** – Hefin Jones

Dylid nodi ar gyfer yr ifanc neu'r amhrofiadol nad grŵp un hit ydi'r Cyrff o bell ffordd. Er mai 'Cymru, Lloegr a Llanrwst' ydi eu cân enwocaf, mae ganddynt gatalog arbennig a swmpus. Yn ddiweddar, dewiswyd eu cân 'Anwybyddwch Ni' fel trac amgen mwyaf poblogaidd Cymru mewn pleidlais ar y rhaglen *Recordiau Rhys Mwyn* (gall y pedant weld y cyferbyniad yn y syniad). Roedd 'Anwybyddwch Ni' yn her i'r cyfryngau i beidio â bod mor gul, saff a diddim, ac i drin o leiaf ran o'u cynulleidfa â mwy o grebwyll. Bryd hynny, yng nghanol yr wythdegau, pobl o'r tu allan i Gymru oedd yn gweld gwerth grwpiau fel Y Cyrff. Roedd rheolwyr gorsafoedd Cymraeg yn gwbl agored eu barn nad oedd lle i sothach gan grwpiau fel Y Cyrff, Datblygu a'r Anhrefn. Ond fe newidiodd pethau. Diolch i *Fideo 9* yn bennaf, daeth y cyfryngau at eu coed, a pharatowyd y ffordd i grwpiau fel Tynal Tywyll a Ffa Coffi Pawb allu cyfuno'r amgen ac arddulliau poblogaidd. Bydden nhw wedi bod yn rhy wallgo i Radio Cymru yn 1985.

*Llawenydd Heb Ddiwedd* yw'r albwm gorau erioed (er bod rhai dan yr argraff mai mater o farn ydi pethau fel hyn), ac nid yw'r 'Cymru, Lloegr a Llanrwst' mwy pyncaidd hyd yn oed arni. Mae honno ar *Yr Atgyfodi*, yr EP gorau erioed, a record sy'n pontio rhwng eu caneuon cynnar hynod pynci a'u halbwm llawn. Mae'r ddau ar gael am bris hurt o isel ar eu casgliad cyflawn, *Atalnod Llawn*.

Mae 'Cymru, Lloegr a Llanrwst' yn ffitio i gategori penodol, sef 'clasuron indi-mod-pync-rocaidd Cymraeg sy'n cynhyrfu rhywun dim ots faint o weithiau y clywir nhw', a dim ond dwy gân sydd yn y categori hwn yn ôl academyddion cerddorol mwyaf Prifysgol Caernarfon! Y llall yw 'Rhedeg i Paris', a ailgynnwyd ar gyfer Ewro 2016 yn nwylo Candelas. Mae 'Cymru, Lloegr a Llanrwst' a 'Rhedeg i Paris' wedi eu gosod ar bedestal, yn gerrig milltir yn natblygiad y Gymru gyfoes. Mae yna ganeuon eraill sydd yr un mor fachog neu'r un mor enwog, ond dydi'r caneuon hynny ddim wedi eu cerfio yng nghydwybod y genedl nac yn llwyddo i gyffroi i'r fath raddau oesol a diflino.

Ond mae gwahaniaeth rhwng y ddwy gân hefyd. Er bod y ddwy yn arllwys agwedd finiog, wrthwynebus, mae 'Rhedeg i Paris' yn optimistig, yn hapus, yn bownsio tua'r dyfodol. Mae 'Cymru, Lloegr a Llanrwst' ar y llaw arall, er ei bod ar gyflymder tebyg, yn dilyn llwybr tywyllach. Nid yw marchog y ceffyl gwyllt hwn yn ceisio rhoi'r argraff fod popeth dan reolaeth; mae'r anifail hwn yn llawer mwy bygythiol, ac mae pen y daith yn llawer mwy ansicr.

A dyna sy'n gwneud 'Cymru, Lloegr a Llanrwst' yn gân mor arbennig. O'r foment y mae'r riff bythol, syml ond cwbl unigryw yn dechrau gyda'i guriad sydyn-hir-sydyn-hir, mae'n glir fod rhywbeth ar droed, ac mae'n gwneud i rywun fywiogi fel ci yn sythu. Yna daw'r geiriau'n trybowndian yn gynt na'r riff i greu tempo milain ac awyrgylch tanllyd. Ydi hon yn gân wleidyddol? Ydi, heb ddim amheuaeth. Ond nid yn y ffordd arferol. Ydi hi'n gân brotest? O ryw fath. Nid yw'n pregethu o gwbl; mae'n darlunio'r sefyllfa'n foel ac yn gadael i'r gwrandäwr ystyried a dod i'w gasgliad ei hun. Ac am ddarlun.

Ddegawdau yn ôl roedd Llanrwst yn mwynhau presenoldeb parhaol catrawd o'r fyddin Brydeinig. Ac fel ym mhob tref a dderbyniodd y fath anrhydedd, o Colchester i Armagh i Cairo, daeth y mannau cymdeithasu yn llefydd ansefydlog. Adlewyrcha persona prif gymeriad y gân yr ansefydlogrwydd hwnnw wrth iddo eistedd mewn tafarn. Ac nid arwr neu ddyn delfrydol mo'r cymeriad hwnnw o bell ffordd. Mae'n gymeriad ar yr ymylon, yn adyn ansicr ac aflonydd, fel y mae ei ddiffyg ymateb i gwestiwn cyd-lymeitiwr yn y pennill cyntaf yn ei ddangos:

Rhywun yn gofyn wrtha fi,
'Hei, beth sydd ar werth yma heno?'
Trosi a throsi yn fy meddwl,
ond does 'na ddim byd yno.

Eistedd yno'n llonydd a wna pan fo'r 'byrddau'n dechrau fflio'. Dyma'r unig adeg 'pryd dwi byth yn teimlo'n aflonydd'. Dim ond pan mae pethau'n mynd yn flêr rhwng y trigolion a'r milwyr a phan fo 'gwaed a gwydr ar y llawr yn y toiledi' y mae'r cymeriad yn gallu ymlacio a dianc rhag ei hunanymwybyddiaeth annifyr. Mae hynny'n atgyfnerthu'r cyfaddefiad na all o 'gydymdeimlo hefo'r sgwodi'. Iddo ef, mae'r rhain yn cael eu haeddiant. Mae'n gyfaddefiad anferth, annisgwyl a dewr. Nid yw'n cuddio'r tu ôl i ddywediadau awgrymog ac nid yw'n ceisio'i gyfiawnhau ei hun. Mae'n ei dweud hi fel y mae – heb ymddiheuriad. Dyma'r llinell allweddol, yr unig linell amlwg wleidyddol yn y gân, a llinell sy'n rhoi synnwyr i weddill y gân. Dyma'r eglurhad o 'Lloegr' yn y gân. 'Lloegr' ar un llaw, a 'Chymru a Llanrwst' ar y llall.

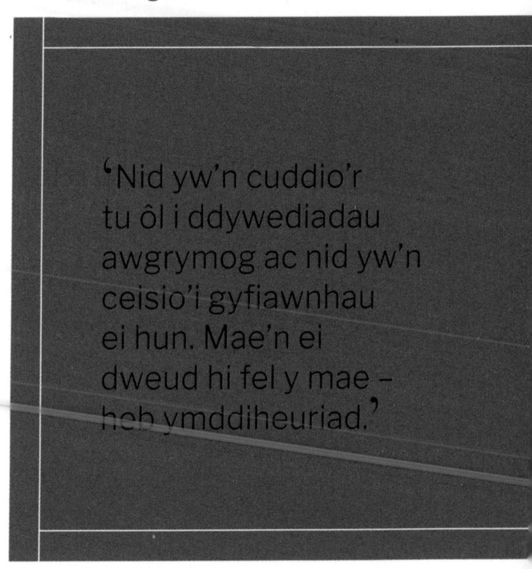


Mae Llanrwst dros y canrifoedd yn dref sydd wedi denu sylw'r goresgynwyr, neu'r 'anifeiliaid' fel maen nhw'n cael eu trosi ym mhennill ola'r gân, ac nid y 1980au oedd yr unig ddegawd iddyn nhw gadw draw o'r sŵn. Bydd hynny'n rhoi arwyddocâd pellach i'r ymadrodd adnabyddus 'Cymru, Lloegr a Llanrwst', sy'n adlewyrchu statws Llanrwst fel tref 'annibynnol'.

Mae dau hanesyn a all egluro'r 'statws' hwn. Y cyntaf yw bod Llywelyn ap Gruffudd wedi goresgyn plwyf Llanrwst yn 1276, ac wedi hawlio'r tir oddi wrth Esgobaeth Llanelwy. Roedd yr Esgobaeth mor gandryll nes iddyn nhw ofyn i'r Pab ei hun ymyrryd. Wnaeth o ddim. Felly roedd dwy garfan yn hawlio awdurdod dros Lanrwst, a neb yn cytuno ar bwy oedd yn rheoli.

Yr hanesyn arall ydi bod pawb wedi anghofio am Lanrwst pan rannwyd Gwynedd rhwng y Pymtheg Teulu Pendefig. O ganlyniad, doedd tref Llanrwst ddim yn rhan o Wynedd (sef gogledd Cymru i bob pwrpas bryd hynny), ond doedd hi ddim yn rhan o Loegr chwaith, gan adael 'Cymru, Lloegr a Llanrwst'.

'. . . ddim yn rhan o Loegr chwaith . . .' Dyna sydd yma; llanc ifanc ansicr, aflonydd sydd, fel y dref sy'n gartref iddo, yn methu perthyn yn iawn i unrhyw beth nac i unrhyw le. Mae o yn y canol, yn methu penderfynu pa ffordd i droi. Ond nid cân am bwy neu ble neu beth sy'n haeddu ei deyrngarwch o ydi hon – dydi Cymru ddim yn cael ei chynrychioli yma o gwbl, bron – ond cân am sylweddoli beth i ymwrthod ag o, sef y carnaij a achosir gan y rhain i ble bynnag maen nhw'n mynd. Gwaed a gwydr ar lawr y dafarn yn Llanrwst fel y buodd 'na waed a gwydr ar

lawr tafarndai o Colchester i Armagh i Cairo. All o ddim closio at yr anhrefn yma, na chydymdeimlo efo'r sgwodi chwaith.

Does yna ddim catrawd o'r fyddin Brydeinig wedi'i lleoli ger tref Llanrwst bellach. Y rheswm swyddogol am adael y dref – a gadael llonydd iddi hefyd – oedd bod Gweinyddiaeth Amddiffyn Prydain wedi penderfynu nad oedd Dyffryn Conwy yn lleoliad delfrydol i'w catrawd wedi'r cyfan (er, fe wnaethon nhw gadw'r tir at ddibenion 'hyfforddi'). Y rheswm answyddogol oedd yr olwg ar wyneb y milwyr y bore ar ôl y noson cynt.

Ar un wedd, gellir diolch i Weinyddiaeth Amddiffyn Lloegr am ddefnyddio Cymru fel eu maes chwarae, gan na fyddai'r gân wefreiddiol hon yn bodoli fel arall. Mae'n hawdd anghofio cyfanwaith mor aruthrol o wych yw 'Cymru, Lloegr a Llanrwst' ar sawl lefel. Byddai llawer yn credu bod y diwn yn aruthrol heb werthfawrogi'r geiriau a heb weld mai'r geiriau sy'n peri i'r diwn fod yn berffaith. Ac mae'r geiriau hynny a'u neges yn atsain ar hyd y cyfandiroedd a'r oesau.

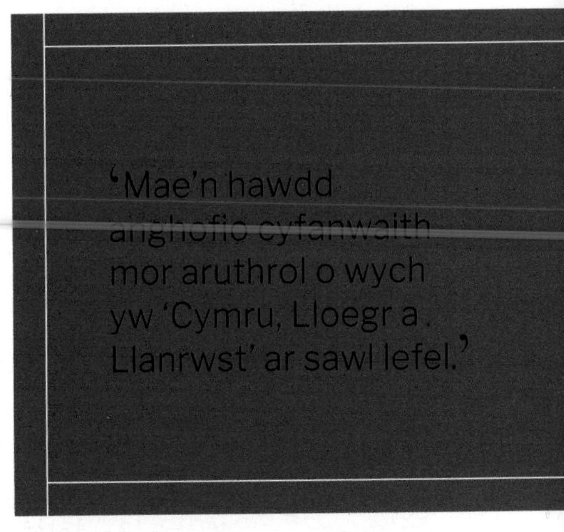


Mater o farn yw a yw presenoldeb milwyr yn Llanrwst yr un fath â'r goresgyn a'r rheoli-drwy-fygwth a'r rheoli-drwy-arfau a ddigwyddodd ym mhob gwlad arall, ond does dim dwywaith i'r teimladau sydd yn 'Cymru, Lloegr a Llanrwst' gael eu profi gan bobl dirifedi. Pe bai pob gwlad wedi llwyddo i greu cân debyg yn ymateb i'w presenoldeb, efallai y byddai'r Saeson wedi cael pardwn i aros ynddyn nhw i gyd. *God Save the Queen*.

# Gwyddbwyll

Fitamin Un, 1997

## 'Gwyddbwyll', Tystion, *Rhaid i Rywbeth Ddigwydd* (1997)

Maen nhw'n dweud ein bod ni'n mynd o dan eich croen
ond sa i'n disgwyl i chi ddeall am be dwi'n sôn
os na chi'n dod o lle dwi'n dod,
dwi byth yn deall defaid y gorlan,
dy'n ni'n cymryd pethau yn ein dwylo'n hunan
gyda'r curiad sy'n galetach na haearn,
dwi'n aros ar y tu allan,
sdim cyfiawnder chwaith yn sgêls y glorian,
ry'n ni'n dod i dalu'r pwyth yn fuan,
mae fy meddwl ar dân,
pan dwi'n sefyll mewn torf
dwi'n dal yn teimlo ar wahân.

*Alla i'm dioddef twyll,*
*teimlo fel darn mewn gêm o wyddbwyll.*

Realiti fi yn wahanol i ti,
ma' 'ne ormod o amser i gicio'n sodle,
mae rhywbeth yn hogle,
mae 'ne biwbs yn sinjo ar y carped oren
i fyny staer, hi 'di merch y maer,
a dwisho sbio ar y bobl yn symud

fel morgrug mewn ac allan o'r siopau
a'r strydoedd a'u bywydau bach rhyfedd,
maen nhw'n symud fel pryfed, a dwisho ymuno â'r hwyl,
y symud a'r porthi, ond dwi'n ddiog, a corff fi
yn llonydd, yn astudio y gofod, yn pigo fy mhlorod,
mam bach, dim mwy o bwdin,
dwi'n sâl, dwi'n pydru, a dwi isho chwydu,
a syllu am oriau ar yr awyr a'r sêr,
a yn y cwmwl, ma'n 'mhen i'n flêr

llusgo nodiadau, y llyfr cyfeiriadau,
o dafarn i dafarn trio cofio y ffeithiau,
dwi'n cyfro y creithiau, effeithiau y cemegau'n
cael ti lawr ar adegau, dwi'n gobio ar wynebau.

W - wwww

*Alla i'm dioddef twyll,*
*jest teimlo fel darn mewn gêm o wyddbwyll.*

Dwi'n gweld lliwiau a phatrymau o flaen fy mhen
wrth i mi orwedd ar fy nghefn a syllu fry yn y nen,
a weithiau dwi'n meddwl pam fy mod i'n benwan,
man a man. Pam, beth sy'n bod?
Beth arall wyt ti moyn i fi fod?
Pwy ddiawl wyt ti i ddweud wrtha i
fy mod i ddim yn haeddu dim o'r clod?

*Alla i'm dioddef twyll,*
*teimlo fel darn mewn gêm o wyddbwyll.*

Rownd fy ngwddw maen nhw'n ceisio clymu rhaff,
dros fy nghrogi wna i byth byth chwarae'n saff,
os wnân nhw drio fy ninistrio,
rhaid 'nhw gynta geisio fy ffeindio,
fydda i byth yn cuddio achos
dwi i byth yn aros yn yr un lle,
yng nghanol nos dwi'n teithio ar hyd lonydd cefn,
byth yn stopio; pan dwi'n marw,
dwi eisie mynd i'r uffern,
dwi ddim eisie mynd i'r nefoedd
llawn angylion bach yn eu gwisgoedd gwyn ...

℗ Gruff Meredith/Tystion©

## 'Gwyddbwyll', Tystion
## – Aneirin Karadog

Roedd protest yn rhan o gyfansoddiad y Tystion. Er, fyddai'r Tystion ddim wedi hoffi'r gair 'cyfansoddiad' gan fod daliadau aelodau craidd y grŵp hip-hop Cymraeg, Steffan Cravos yn bennaf, yn tueddu tuag at anarchiaeth a'r ymdrech i rwygo'r system yn rhacs, cyn ei hail-greu yn ôl eu delfrydau. O'r dyddiau amrwd cynnar pan drawodd y Tystion y Sin Roc Gymraeg ar y rhaglen *Garej* ar S4C gyda'u cân rap ddifyr a chrafog ond hollol wamal, 'Fferins 'Nôl Mewn Ffasiwn', fe ddaeth eu caneuon yn gynyddol i fynegi rhethreg wleidyddol, sloganau sosialaidd a datganiadau gwrthsefydliadol – boed hynny yn erbyn llywodraeth Tony Blair neu *inertia* y Cynulliad Cenedlaethol yn y dyddiau cynnar. Ond yn fwy na hynny, roedd eu caneuon yn mynegi teimlad o arwahanrwydd oddi wrth y sefydliad cerddorol Cymraeg. Rhan o isddiwylliant i isddiwylliant oedd y grŵp unigryw hwn felly.

Yn syth gyda'r geiriau 'Sin Roc Gymraeg' fe dieithrir cerddorion amgen Cymraeg, y rhai nad ydynt yn sefyll o flaen meicroffon yn strymio gitâr na chanu yn harmonïol am ysbryd y nos neu dŷ ar y mynydd. Tra gallwn i fod wedi dewis un o ddwsinau o ganeuon gan y Tystion sy'n gwneud pwynt gwleidyddol neu'n protestio'n gignoeth, hoffwn ddilyn hynt y dieithrwch hwn. Gwlad y gân yw Cymru. Dyna'r ystrydeb o leiaf. Ond wrth i mi gael ambell brofiad yn rapio ar lwyfannau yng Nghymru a thu hwnt, a chael cipolwg ar chwaeth a hoffterau cynulleidfaoedd, sylwais mai canu sy'n wirioneddol boblogaidd yn y Gymru Gymraeg. Ac nid dim ond canu, ond canu go ganol y ffordd. Tra bod y siartiau yn America a Lloegr (a'r Gymru brin ei Chymraeg) ac ar draws y byd yn llawn curiadau hip-hop caled, miliynau o ganeuon rap yn llawn rhethreg ffug am fod yn berchen ar ddryll a dawnsio gyda merched bronnoeth yn feunyddiol, mae'r Gymru Gymraeg yn ymddangos fel petai naill ai'n methu dygymod â rapio drwy gyfrwng y Gymraeg, neu yn gweld

rap fel ffurf newydd o fynegiant. Y gwir yw fod rap bellach mor sefydliadol ag eiconau pync diwedd y saithdegau, ac nad yw'n ffurf newydd o fynegiant o gwbl. Gellir gweld yr un duedd mewn ieithoedd fel Almaeneg, Sbaeneg a Ffrangeg lle cydiodd hip-hop fel dull torfol poblogaidd i fynegi geiriau bas, diystyr, llawn delweddau yn ogystal â phethau dyfnach ynglŷn ag anghyfiawnderau'r byd.

Er i Sleifar a'r Teulu (MC Sleifar yw enw llwyfan Steffan Cravos) berfformio yn stiwdios John Peel, er i grŵp o hip-hopwyr Cymraeg deithio a recordio dramor, ac er i'r Genod Droog gloi Sesiwn Fawr 2007 o flaen 5,000 o bobl, a hynny gyda chaneuon rap go ddisylwedd o ran eu neges – caneuon parti oeddynt – ni throdd y llanw o blaid derbyn rap fel cyfrwng mynegiant poblogaidd yn Gymraeg. Cafwyd y foment. Symudodd pawb ymlaen. (Mae'n siŵr fod cerddorion 'gwerin' Cymraeg yn ddiweddar hefyd yn teimlo hynny gyda dyfodiad Womex.) Gadawyd y foment yn ei lle, heb ei defnyddio fel egni na grym i esblygu mynegiant caneuon pop Cymraeg. I mi, mae un gân yn crisialu'r uchod yn well na dim, ac yn digwydd bod, dyma fy hoff gân rap Gymraeg. Sôn ydw i am y gân 'Gwyddbwyll' gan y Tystion.

'pan dwi'n sefyll mewn torf
dwi'n dal yn teimlo ar wahân'.

Band oedd yn gweld eu Cymru o'r tu fewn ond yn dal i allu gwylio o'r tu fas oedd y Tystion. O wrando ar eu caneuon, yr argraff gyntaf a geir yw taw nid ar Hergest, Dafydd Iwan, Plethyn na hyd yn oed Jarman y magwyd aelodau'r band, ond dan ddylanwad NWA, Run DMC, Chuck D a Public Enemy. Roedd yna ymwybyddiaeth ymysg eu haelodau o gerddoriaeth amgen yng ngweddill Ewrop, mor bell â Croatia. Roedd hyn oll yn gwrthdaro, ac wrth wneud hynny, yn asio gyda'u Cymreictod naturiol, ac felly'n codi'r cwestiwn amlwg: ble mae ein math ni o gerddoriaeth i'w ganfod yn Gymraeg? Dyma orfod tyrchu tua'r tanddaearol. Dyma sylweddoli fod yna dorf o'u cwmpas ond eu bod, serch hynny, yn dal i sefyll ar wahân.

Ond nid y Tystion oedd y cyntaf i rapio drwy gyfrwng iaith barchus y nefoedd. Mae'r fraint honno yn perthyn naill ai i dadau *dub-reggae-hop* Cymraeg, Llwybr Llaethog, neu i Madfall Rheibus, y band pync o'r Wyddgrug, a ryddhaodd gân bync-rap o'r enw 'Strît Cred' ganol y 1980au. Dadl ar gyfer ffeit dafarn arall yw honno,

ond gellir cyfri y gân 'Rap Cymraeg', Llwybr Llaethog, fel un o'r caneuon hip-hop pur cyntaf yn Gymraeg. Rhyddhawyd y gân honno gan dadau'r sin amgen ganol yr wythdegau hefyd, a thra bod honno, a chaneuon fel 'Tour de France', yn cynnwys geiriau rap digon gwamal, aeth Llwybr Llaethog ymlaen i leisio negeseuon a sloganau mudiadau fel Cymdeithas yr Iaith. Ond defnyddio samplau o leisiau pobl fel Ffred Ffransis a wnaethant yn fwy na dim, yn hytrach na rapio eu neges. Fe gymerodd hi laniad meibion anystywallt ac afradlon y SRG i ddechrau dangos fod modd defnyddio mynegiant rhymthig, odledig ac ar brydiau yffachol o grac rap i leisio safbwynt amgen y Gymraeg i'r byd gael ei glywed. Neu yng ngeiriau'r Prifardd Sleifar:

> Maen nhw'n dweud ein bod ni'n mynd o dan eich croen
> ond sa i'n disgwyl i chi ddeall am be dwi'n sôn
> os na chi'n dod o lle dwi'n dod

Rhaid sôn hefyd am ddylanwad Datblygu, a greodd amgylchiadau ffafriol i'r Tystion ddatblygu. Yr un mantra oedd gan Dave a Pat wrth fynd ati i gyfansoddi, recordio a pherfformio gyda Datblygu, sef eu bod nhw'n byw eu bywyd trwy gyfrwng y Gymraeg, ond nad oedd y gerddoriaeth a oedd yn llenwi clustiau'r genedl yn siarad â nhw o gwbl. Felly codi o deimlad o ddieithrwch a'r gwrthdaro rhwng hynny a'r angen i berthyn mae'r Tystion yn y cyfnod cynnar yma. Mae'n ail hanner y nawdegau, dim golwg eto o Gynulliad, a thra bo ton Cŵl Cymru yn mynd â seiniau roc Cymraeg a Chymreig i bedwar ban y byd, a thra bod ambell aelod o brif grwpiau'r don yma yn perthyn i ambell aelod o'r Tystion (hei, Cymru yw hyn wedi'r cyfan!), mae ymdrech ymhlith meibion anystywallt y SRG i dorri cwys wahanol, a dilyn rhychau'r recordiau ar y decs. O edrych yn ôl, gan ystyried gwaith diweddarch y Tystion, gwelir taw siom a ddaeth o obaith cychwynnol datganoli, a bod ton Cŵl Cymru heb alluogi cerddoriaeth Gymraeg i gael ei derbyn gan y prif lif Prydeinig yn y pen draw. Dywed Sleifar ar yr albym *Hen Gelwydd Prydain Newydd*:

'a dyma'r crux: Cool Cymru sucks!' Â'r bardd stryd ymlaen i gwyno am Gynulliad llywaeth ymysg sawl dadrithiad arall.

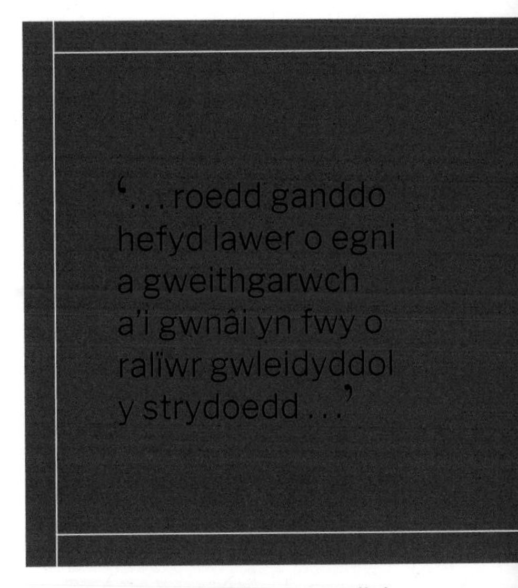


Efallai fod ymadawiad Gruff Meredith â'r Tystion wedi troad y mileniwm yn dangos nad eneidiau hoff cytûn oedd dau sylfaenydd y Tystion, ond dau enaid rhydd wedi digwydd cyd-daro ar syniad oedd yn gweithio, yn sicr yn ystod y blynyddoedd cyntaf. Dau ffigwr, felly, oedd yn dod o gefndiroedd gwahanol – un o dref Caerfyrddin a'r llall o Lanuwchllyn – a allai gynrychioli gwahanol garfanau o Gymreictod, gan dorri stereoteips mai dim ond criwiau dinesig a allai nid yn unig fwynhau hip-hop a rap, ond hefyd eu mynegi eu hunain i raddau llwyddiannus iawn yn y grefft.

Cyfeiriais at Sleifar fel bardd y stryd; mewn gwirionedd, er bod ganddo ddawn i chwarae â geiriau, roedd ganddo hefyd lawer o egni a gweithgarwch a'i gwnâi yn fwy o ralïwr gwleidyddol y strydoedd yn hytrach na dim ond bardd y stryd. Enaid llai blin gyda'r byd, efallai, oedd cymeriad Gruff Meredith yn y Tystion. Roedd G-Man, a ddaeth wedyn yn MC Mabon, yn fwy o fardd athronyddol, yn gallu cymryd cam yn ôl oddi wrth y byd, a sylwi ar bobl a'u bywydau. Fe welai Gruff y darlun cyfan. Ar y pegwn arall, fe welai Sleifar ein bodolaeth o'r tu allan i gaethiwed y Matrix, a chyfeirio at y ffilmiau cychwynnol llwyddiannus gyda Keanu Reeves. Meddai Gruff Meredith:

> a dwisho sbio ar y bobl yn symud
> fel morgrug mewn ac allan o'r siopau
> a'r strydoedd a'u bywydau bach rhyfedd,
> maen nhw'n symud fel pryfed ...

Awn yn sydyn nawr i fyd cadeiriau a choronau eisteddfodol, gan y disgrifir barddoniaeth nad yw'n llwyddo yn y cystadlaethau hynny yn aml fel cerddi nad ydynt yn cynnwys llawer o farddoniaeth. Dyma arddangos snobyddiaeth, gellir dadlau, drwy fynnu mai ymgyrraedd â chelfyddyd uchel yw 'barddoni'. Mae'r agwedd hon felly yn cau ffurfiau eraill o farddoniaeth, nad ydynt yn cyrraedd rhyw safon benodol, mas o'n diwylliant ni. Y gwir yw fod unrhyw bennill sy'n odli, neu nad yw'n odli, yn enghraifft o farddoniaeth. Boed yn farddoniaeth dda neu beidio, mater arall yw hynny. Gall pennill o farddoniaeth gyffwrdd â chalon un person a gadael y person nesa'n oer. Ond barddoniaeth ydyw, wedi'r cyfan. A phwy felly sydd â'r hawl i annilysu mynegiant o brofiad unigolyn, neu garfan o bobl? Mae hyn oll wedi bod yn fy ngoglais ac yn chwyrlïo yn fy mhen wrth geisio rhesymu pam taw 'Gwyddbwyll' gan y Tystion yw fy hoff gân rap Gymraeg, a pham fod ynddi neges ddilys, yn wleidyddol, diwylliannol, ieithyddol, ac egwyddorol, i'w mynegi.

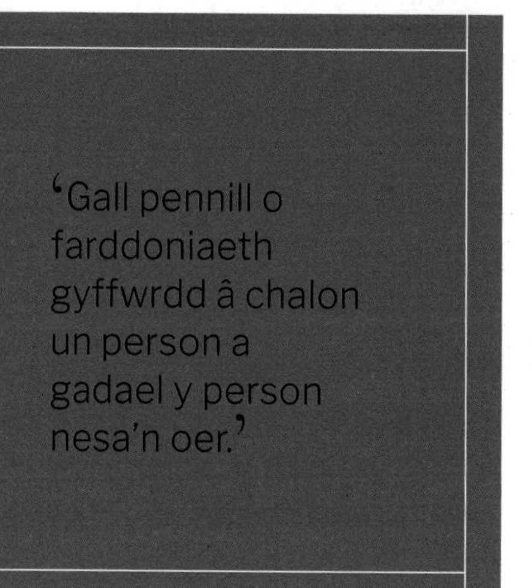


Dylid nodi fod yna drydydd llais i'w glywed yn y gân 'Gwyddbwyll', a llais MC Chef yw hwnnw. Pennill byr, o'i gymharu â'r gweddill, sydd ganddo i'w gyfrannu, ond pennill sydd eto'n ymhelaethu ar y dieithrwch, ac yn bwydo i'r drafodaeth uchod sy'n gofyn a yw rapio yn fynegiant celfyddydol dilys.

> Pam, beth sy'n bod?
> Beth arall wyt ti moyn i fi fod?
> Pwy ddiawl wyt ti i ddweud wrtha i
> fy mod i ddim yn haeddu dim o'r clod?

MC Chef a'i cant

Mae cymaint yn digwydd o dan yr wyneb yn y gân hon. Cyplyswch hyn gyda riff sy'n nadreddu drwy'r clustiau a churiadau sy'n ddigon cadarn fel y gellid haeru eu bod wedi eu gwneud o haearn Sbaen, ynghlwm wrth fynegiant gwreiddiol nas clywyd o'r blaen yn Gymraeg. Trallwyswch hyn yn syth i wythïen rhywun yn ei arddegau hwyr ac fe ellir gwarantu newid mewn trywydd bywyd, chwaeth gerddorol ac awydd i gyfrannu at ddiwylliant Cymraeg o fewn yr arddegyn hwnnw. Mae'n siŵr hefyd fod atgasedd at anghyfiawnder yn chwarae ei ran yn hyn oll yn fy meddwl i. Rwy'n gwybod mai hanfod barddoniaeth dda yw ei bod yn gofiadwy ac o'r tro cyntaf i mi glywed cytgan 'Gwyddbwyll', fe'i seriwyd ar fy ngho' megis nod cyfrin yr Orsedd ar Gadair.

Alla i'm dioddef twyll<br>
teimlo fel darn mewn gêm o wyddbwyll.

Mae'r gân yn cloi gyda llinell hir sy'n cynnwys cynghanedd sain ar draws ei chymalau (nefoedd / gwisgoedd / gwyn). Trawodd hyn fi o'r foment y dechreuais ddysgu'r cynganeddion. Mae'n dal yn rhywbeth yr hoffwn ei ofyn i'r arch-ymwrthodwr, MC Sleifar, lle mae barddoni, darllen *Barddas* a chynganeddu yn y cwestiwn – ai cynghanedd ddamweiniol neu fwriadol yw hon? Rwyf hefyd yn hoff o chwarae gwyddbwyll. Ond wedyn, efallai fy mod i'n mynd braidd yn rhy ddwfn mewn i'r pethau 'ma . . .

# Gwreiddiau Dwfn

Placid Casual, 2000

## ‘Gwreiddiau Dwfn’, Super Furry Animals, *Mwng* (2000)

Dyma ein hawr,
ni ddaw unrhyw gyfle arall heibio’r drws.
A dyma ein llong,
un llyw a dau rwyf i’n tywys ar ein taith.

Dal dy ddŵr, mae’r ffôn yn canu,
adlewyrchu gofod fagddu.

Yma yw y lle y dewisom ni
i gael plannu gwreiddiau dwfn.
Ac yma yw y lle ble mae’r gwaed yn drwm
wrthi’n bygwth ein boddi.

Dyma’n safle,
ni ddaw mwy o gyd-ddigwyddiadau prydferth.
A dyma fy rhif
ymhlith yr holl ystadegau digalon.

Dal dy ddŵr, mae’r ffôn yn canu,
adlewyrchu gofod fagddu.

℗ Super Furry Animals/Placid Casual©

# 'Gwreiddiau Dwfn', Super Furry Animals
## – Casi Wyn

Os ydw i wedi deall yn iawn, o'r deg cyfrannwr yn y gyfrol hon does yr un wedi dewis cân wleidyddol gan artist benywaidd. Pam hynny, gofynnaf. Wrth gwrs, gellir dadlau bod hyn yn adlewyrchu canrifoedd o wleidyddiaeth a chymdeithas a meddylfryd patriarchaidd a gellir dadlau ymhellach mai patriarchaidd ydynt hyd heddiw. Hyd yn oed ar ôl crafu pen, mae'n anodd meddwl am ganeuon gwleidyddol a gyfansoddwyd gan ferched. Mae cymdeithas wedi gosod rôl benodol i'r ferch ers canrifoedd ac mae hi'n amser brwydro yn erbyn yr hyn a ddisgwylir gennym, a thorri tir newydd. Do, fe gafwyd caneuon protest wedi eu canu gan ferched – 'Rhaid yw eu tynnu i lawr' gan Chwyldro a 'Colli Iaith' gan Heather Jones, er enghraifft – ond nid merched oedd biau'r geiriau. Mae Gwenno yn eithriad ond un sy'n sefyll ar ei phen ei hun ydyw.

Mae'n ddifyr tynnu cymhariaeth yma â Rwsia. Ychydig flynyddoedd yn ôl, gwyliais raglen deledu o'r enw 'Hunted' a oedd yn portreadu'r gamdriniaeth y mae'r gymuned LGBT yn ei dioddef dan law awdurdodau Rwsia. Mae'n ffaith bod diwylliant o gasineb eithafol yn erbyn y gymuned hoyw a chymunedau lleiafrifol yn Rwsia, wrth i amryw o bobl yno, gan gynnwys carfanau o'r llywodraeth, hyrwyddo dim ond un ffordd o fyw ac un ffordd o fod. Un o grwpiau mwyaf gwleidyddol Rwsia yw'r band pync ffeministaidd o Moscow, Pussy Riot, sy'n perfformio mewn mannau cyhoeddus, ac mewn lleoedd digon annisgwyl fel Eglwys Gadeiriol Moscow. Cana Pussy Riot am hawliau i'r gymuned LGBT a chyhuddir Putin o fod yn unben gormesol.

Felly tybed a yw'r merched hyn yn fwy parod i sgwennu yn wleidyddol am eu bod yn byw o dan 'fwy' o orthrwm na'r rhan fwyaf o ferched sy'n canu yn y Sin Roc Gymraeg? Ydi byw dan orthrwm yn ysgogi rhywun i fod yn fwy gwleidyddol ac yn gwneud rhywun yn fwy ymwybodol o annhegwch? Ydi byw dan orthrwm yn deffro'r ymwybod 'gwleidyddol' yn rhywun?

Cân sydd am i ni ymddihatru oddi wrth y syniad ein bod yn genedl sy'n byw dan orthrwm a ddewisais i, cân sy'n dweud bod y syniad hwnnw yn ein dal yn ôl. Cân sydd am i ni fod yn falch o bwy ydan ni ac o ble rydan ni'n dod. Y gân hon yw clasur y Super Furry Animals, 'Gwreiddiau Dwfn'.

Yn aml fel cenedl rydan ni'n cwyno ein bod ni'n byw dan orthrwm Lloegr, ein bod dan anfantais ac yn ei chael hi'n waeth na phawb arall. Teg nodi bod nifer o gerddorion wedi mynegi'r gŵyn yma dros y blynyddoedd, o Dafydd Iwan ac Edward H. Dafis i fand mwy diweddar fel Yr Ods yn canu '[nad oes] angen merch i dorri dy galon di pan ti'n byw yng Nghymru'.

Ond nid felly 'Gwreiddiau Dwfn'. Yn syth yn y pennill agoriadol, mae llais Gruff Rhys yn herfeiddiol. Llais nad yw'n ddigalon nac yn pitïo drosto'i hun:

> Dyma ein hawr
> ni ddaw unrhyw gyfle arall heibio'r drws
> A dymá ein llong
> un llyw a dau rwyf i'n tywys ar ein taith.

Mae yna ryw dristwch a thrymder yn llifo drwy'r alaw. Ar adegau, mae'r rhythmau a'r symudiad melodaidd yn llusgo fel pe bai'n drosiad cerddorol i gyfleu'r 'baich' honedig o gario baner diwylliant Cymraeg gyda chi bob amser. O safbwynt y geiriau, anogaeth sydd yma i wneud yn fawr o bethau, i gymryd mantais ac i wneud hynny rŵan hyn – 'Dyma ein hawr'. Yr unig amser sydd gennym ni ar y blaned ydi'r awr hon – y presennol sy'n digwydd yr eiliad yma, wrth imi deipio. Rydym ni'n genedl sy'n hoff o ramantu, yn hoff iawn o edrych yn ôl, ac efallai yn gyndyn o edrych ymlaen. Gwerth cofio'r ddihareb: 'a nation that keeps one eye on the past is wise, a nation that keeps both eyes on the past is blind'. Dywed Gruff Rhys yn glir mai rŵan yw'r amser, nid ddoe, nid yfory, ond yr eiliad hon. Does dim pwrpas aros am yr amser 'perffaith'.

Cân eiconig sy'n tanlinellu ein cysylltiad emosiynol ni fel Cymry, a chysylltiad pobl yn gyffredinol, gyda lle a chymuned benodol yw 'Gwreiddiau Dwfn'. Mae'r gair 'gwreiddiau' yn un hynod gryf yng nghyd-destun magwraeth ac ardal. Roeddwn i'n byw am ddwy flynedd gyda fy ffrind oedd wedi ei magu rhwng Syria a Bryste, ei thad yn Wyddel a'i mam o Ddamascus. Yn aml byddem yn trafod y syniad o 'gartref' a 'gwreiddiau'. Yn wahanol i mi, doedd hi ddim yn cysylltu ei chartref gyda lleoliad neu ardal benodol, a doedd ganddi ddim cysylltiad emosiynol gyda rhywle diriaethol. Braf oedd clywed ei safbwynt hi sef bod 'adref' yn golygu unrhyw le lle mae cariad a chroeso – gellir dadlau ei bod hi'n teimlo mwy o ryddid, neu'n sicr yn adnabod math gwahanol o ryddid i'r hyn yr ydw i wedi ei brofi. Ac efallai ei bod, o ganlyniad, yn teimlo llai o ymlyniad neu ddyletswydd at gymuned a moesau grŵp penodol o bobl.

Felly, ydi bod yn Gymro neu'n Gymraes yn gwneud i rywun deimlo rhyw 'ddyletswydd'? A ddylai hunaniaeth deimlo fel dyletswydd neu ai rhywbeth i'w fwynhau'n unig ydyw a rhywbeth i ddychwelyd ato o dro i dro? Yng nghyd-destun diwylliant lleiafrifol, efallai nad ydi hi mor hawdd i'w fwynhau'n unig. Efallai fod yn rhaid i benderfyniadau fod yn rhai bwriadol er mwyn gweld parhad traddodiad. O gofio bod y rhan fwyaf o bobl ifanc y byd yn defnyddio'r we ac unrhyw ffurf ddigidol drwy gyfrwng y Saesneg, sef yr iaith ddominyddol, gellir dadlau bod defnyddio'r Gymraeg ar y we, ar y ffôn, yn y gweithle, yn fwy o 'ymdrech'.

Felly, beth yn union mae Gruff Rhys yn ei olygu wrth ddefnyddio'r gair 'gwreiddiau'? Dyma'r gwreiddiau dwfn hynny sy'n cael eu crybwyll yn

gyson drwy'n barddoniaeth a'n llenyddiaeth ac sydd bellach yn rhan annatod o'r ffordd y mae llawer ohonom yn gweld y byd. Yn fy nhyb i, 'Yma yw y lle y dewisom ni' yw'r llinell fwyaf arwyddocaol. Mae'r gair 'dewis' yn pwysleisio'r berthynas unigryw sydd gan Gruff Rhys gyda'i fro enedigol ym Methesda ac yn awgrymu, o bosib, na fyddai'n dewis unrhyw le arall fel ei gartref.

Mae'r gair 'dewis' yn hollbwysig wrth feddwl am y Super Furry Animals fel band hefyd. Mae eu dylanwad ar dirwedd gerddorol ein cenedl wedi bod yn enfawr ac yn hynod werthfawr. Ond mae eu dylanwad wedi ymestyn y tu hwnt i ffiniau Cymru hefyd. Maen nhw wedi canu ar lwyfannau rhyngwladol dros y byd i gyd gan ddenu cynulleidfa fawr o Efrog Newydd i Japan. Gallent fod wedi 'dewis' plannu gwreiddiau mewn unrhyw le yn y byd. Ond yng Nghymru mae eu 'gwreiddiau' a tydyn nhw ddim yn cwyno am hynny. Tydi'r gwreiddiau hyn ddim yn eu dal yn ôl nac yn cyfyngu arnynt. Y gwrthwyneb sy'n wir fel y dengys y geiriau ar ddechrau'r gân:

> A dyma ein llong,
> un llyw a dau rwyf i'n tywys ar ein taith.

Mae'r 'llong' yn ddelwedd symbolaidd o'r daith a fu a'r daith sydd o'n blaenau – yn arwydd fod posib teithio a chludo. Gall y llong yma hwylio i ble bynnag y mynnwn, wedi'r cyfan, does neb yn berchen ar y môr – dyma dirlun eang, dwfn, stormus ar adegau – ond mae modd hwylio ar ei hyd mewn rhyddid. Ni sy'n gafael yn y rhwyfau, a chyda chymorth y rhwyfau hyn, dyma agor y ffordd i bosibiliadau newydd – yn ddibynnol ar y teithwyr. I ble'r awn ni? Dilyn y llif a gadael i'r tonnau ein harwain, neu ydi hi'n amser penderfynu gafael yn dynn yn ein rhwyfau a chreu'r daith ein hunain? Ydi'r teithwyr am gludo'r hyn maen nhw'n ei wybod yn barod a'i rannu gyda gweddill y byd drwy estyn dwylo?

Mae rhan olaf y gytgan yn datgan:

> Ac yma yw y lle ble mae'r gwaed yn drwm
> wrthi'n bygwth ein boddi.

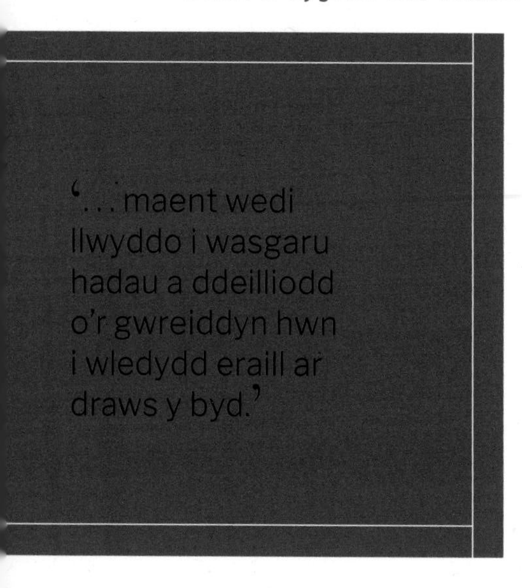


Realiti sydd yn ein taro yma. Mae unrhyw ddiwylliant lleiafrifol dan fygythiad parhaus – mae mwy o fygythiadau mewnol ac allanol nag a fu erioed o'r blaen. Rhaid rhwyfo'n ofalus os ydym am gyrraedd y lan.

Yn eironig rywsut, er bod gwreiddiau'r Super Furry Animals yma yng Nghymru, maent wedi llwyddo i wasgaru hadau a ddeilliodd o'r gwreiddyn hwn i wledydd eraill ar draws y byd.

Mae'r syniad ein bod ni'n 'dewis' bwrw gwreiddiau mewn ardal neu genedl yn ein grymuso fel pobl i feddwl bod gennym hawl a chyfrifoldeb dros yr hyn y byddai eraill efallai'n ei ddisgrifio fel 'cyd-ddigwyddiad'. Mae'n codi cwestiynau am ein lle ni fel unigolion yn y byd – ai ffawd ynteu 'damwain a hap' yw ein bod yn Gymry?

Gan gofio bod ein golwg ar y byd a'i drigolion yn rhannol seiliedig ar ein gwerthoedd diwylliannol, teg yw dweud ei bod hi'n hawdd anghofio pa mor ddwfn y mae ein gwreiddiau'n ymestyn ac mae'n hawdd anghofio'r pŵer sydd gan ein gwreiddiau i lywio taith ein bywydau byr ar y blaned hon.

Y llynedd, fe welais y Super Furry Animals yn perfformio yn Academi'r O2 yn Brixton – un o brif leoliadau cerddoriaeth fyw Llundain. Roeddwn i wedi bod yno sawl gwaith yn gwylio amryw o fandiau ac artistiaid yn perfformio i filoedd o bobl. Profiad swreal a hynod emosiynol oedd mynd yno i weld grŵp o ogledd Cymru, fy mro enedigol. Roedd pob tocyn wedi ei werthu a chiwiau hir y tu allan. Daeth teimlad o falchder drosof wrth i gannoedd o bobl gydganu:

```
Yma yw y lle y dewisom ni
i gael plannu gwreiddiau dwfn
```

– iaith estron i'r rhan fwyaf o bobl y noson honno, ond prawf y gall diwylliant, iaith, yr ymdeimlad o berthyn a 'gwreiddiau' dreiddio'r tu hwnt i ffiniau daearyddol y byd.

Talu Bils
2015

## 'Talu Bils', Rodney Evans (2015)

Talu bils, talu bils,
a mae'n talu bils, talu bils.

O mae'n iawn, dwi'n cael jobseeker's allowance,
a mae'n talu bils, talu bils.

O'n i mynd i Llechwedd, twbo,
chwilio am gwaith;
'Helo, Rodney di enw fi. Ginti job?'
'O, ginti dy CV, Rodney?'
'CV fan hyn.'
'O, Rodney Evans, mae hwn ddim yn digon da, Rodney,
mae hwn yn crap.'
'O, ddaru fi trio do,
trio cael job efo chdi.'
'Ia, mae raid chdi mynd i rwla arall i chwilio am
gwaith, ok?'
'OK, ddaru fi trio gora.'

O'n i mynd i Portmeirion, t'wbo,
chwilio am job;
'Helô, Rodney 'di enw fi. Ginti job i fi?'
'O, ginti dy CV, Rodney?'

'CV fan hyn.'
'O, Rodney Evans, mae hwn ddim yn digon da, Rodney,
mae hwn yn crap.'
'O, ddaru fi trio do, trio cael job.'
'Do, mae raid chdi fynd i rwla arall 'wan.'
'OK.'
'Ta-a Rodney.'

® Rodney Evans©

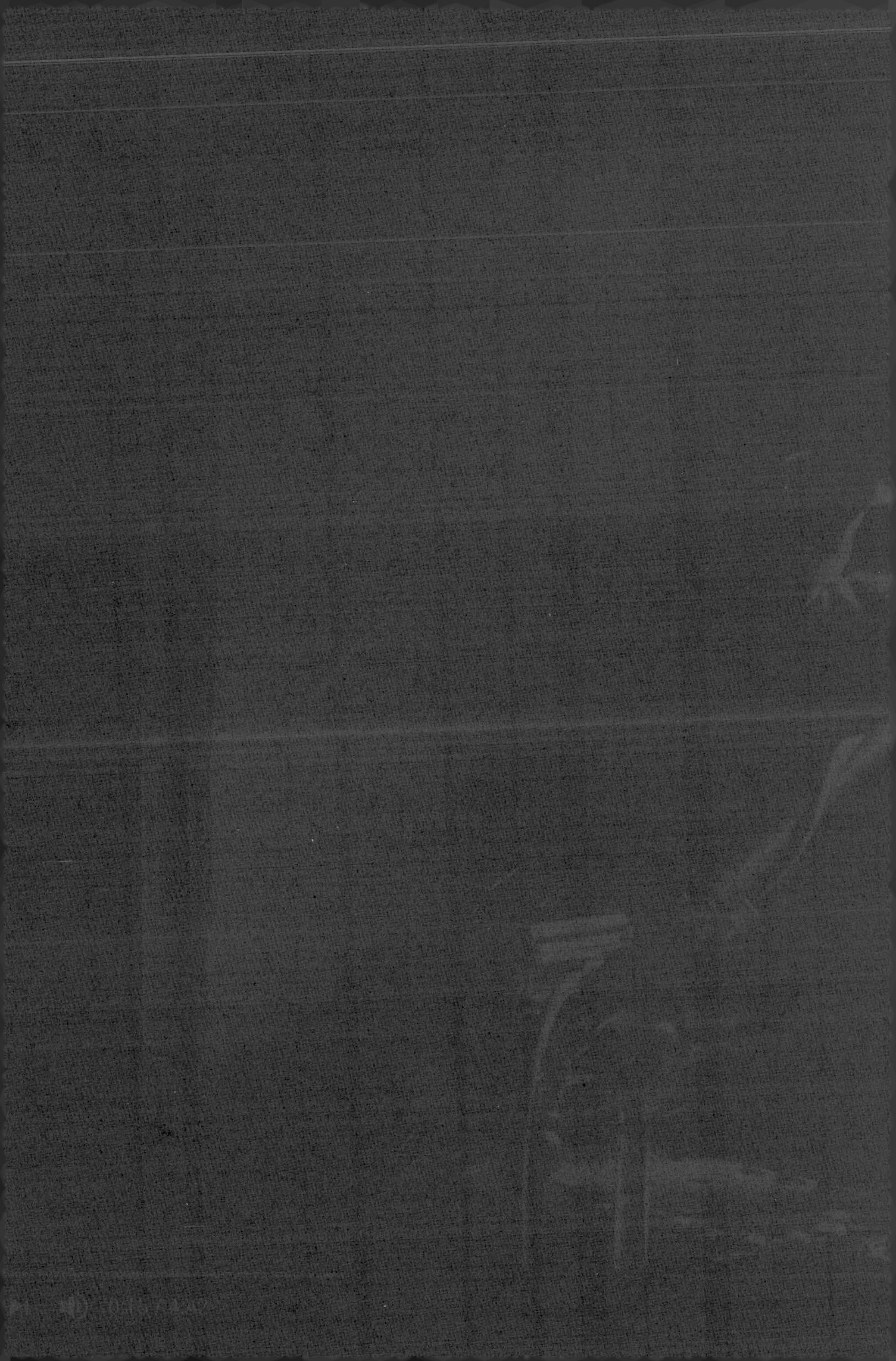

# 'Talu Bils', Rodney Evans – Dylan Meirion Roberts

O mae'n iawn, dwi'n cael *jobseeker's allowance* . . .

Pan mae bywyd yn braf a'r haul yn disgleirio, mae hi'n hawdd canu caneuon protest am y pethau mawr a'r pethau pwysig cenedlaethol a rhyngwladol gan anghofio am bobl yr ymylon, sydd ar gyrion cymdeithas. Heb fand, heb label, heb stiwdio hyd yn oed, fe lwyddodd Rodney Evans i gyrraedd cynulleidfa fwy nag a wnaeth unrhyw ddarn o gelf Cymraeg arall yn 2015. Erbyn heddiw, mae ymhell dros gan mil o bobl wedi gwylio'r fideo tri munud a hanner ar Facebook o Rodney yn sefyll o flaen allweddell rad yn adrodd hanes ei antur i 'chwilio am job'.

Dwy fil oedd yn gi̇̀g Tafodau Tân yn 1973. Deg mil oedd yn gwylio Bryn Fôn yn y Faenol yn 2007 a deunaw mil oedd yn (nhrydedd) gi̇̀g olaf Edward H. Dafis yn Eisteddfod Genedlaethol Sir Ddinbych, 2013. Ym mhantheon perfformiadau byw Cymraeg felly, mae Rodney ymhell ar y blaen i unrhyw un arall – ac fe wnaeth hynny heb adael ei stafell fyw. Dwi'n siŵr mai ymateb y rhan fwyaf o bobl ydi 'Pwy ydi Rodney Evans?' a 'Be ddiawl ydi "Talu Bils"?' Na phoener, os ydach chi yn y garfan honno, dwi'n tybio nad ydach chi ar Facebook nac yn gwrando'n aml ar raglenni nos Radio Cymru.

Awn yn ôl i haf 2015. Doedd dim denig rhag un dyn a'i gân sef Rodney a'i salm i ddiweithdra – 'Talu Bils'. Roedd yr ymateb yn wyllt – y fideo'n mynd yn feiral ar Facebook, Yws Gwynedd yn ei chanu fel rhan o'i set yng Ngŵyl Rhif 6 a phobl mewn tafarndai yn adrodd llinellau o'r gân fel pe baent yn dod o ryw glasur o bennod o *C'mon Midffîld*. Yn wahanol i unrhyw gân arall, doedd hon ddim wedi cael ei chwarae ar donfeddi'r radio, doedd hi ddim wedi cael ei chlywed mewn gi̇̀g, doedd hi ddim wedi cael ei chlywed mewn protest Cymdeithas yr Iaith nac ar *Heno*. Doedd y gân ddim wedi cael ei recordio mewn stiwdio hyd yn oed!

Un dyn, un meicroffon, un allweddell electronig a chamera ar ei ffôn – dyma'r oll oedd ei angen ar Rodney i ledaenu ei neges.

O'r Blaenau y daw Rodney, mae yn ei dridegau ac yn ddi-waith. Nid y person amlycaf i gael ei alw'n awdur un o ganeuon protest pwysicaf y degawd diwethaf, a dyna pam dwi'n credu bod y gân hon yn andros o bwysig. Mae Rodney a'i gân yn rhoi darlun lliwgar i ran o gymdeithas sydd yn diflannu o ddiwylliant Cymraeg, ac yn rhoi llais i'r bobl hynny, sef y Cymry Cymraeg dosbarth gweithiol.

Mae'n deg dweud bod y byd diwylliannol Cymraeg yn ddosbarth canol iawn ac wedi ei deilwra ar gyfer pobl sy'n dallt be ydi ciw i'r pafiliwn yn fwy na chiw dôl, ac yn dallt be ydi bod ar bwyllgor mwy na bod ar y clwt. Nid bod dim o'i le ar hynny, ond os mai dyma'r gwir amdani, pa obaith sydd i'r werin datws gael adrodd eu straeon a'u cofnodi? Yr ateb i'r cwestiwn hwn ydi'r we, neu Facebook, i fod yn fanwl gywir, lle mae modd i rywun gyhoeddi unrhyw beth a'i rannu gyda'i ffrindiau agosaf a'r gymuned ehangach. Gall rhywun deilwra ei adloniant ei hun, heb orfod dilyn rhaglenni am *faux-celebs* Caerdydd yn holi ei gilydd yn Gymraeg cyn dychwelyd i'w sgyrsiau uniaith Saesneg. Yr hyn mae fy ffrindiau Facebook i i'w gweld yn ei hoffi ydi ffermwyr yn gweiddi ar eu cŵn, mwnci yn cyfweld â phop stars, ac os oes modd ymddiried yn y cyfryngau, newyddion ffug am Donald Trump neu Syria.

Mi oedd Rodney'n ddifyr. O feddwl bod darn o gelfyddyd Cymraeg yn darganfod cynulleidfa heb unrhyw help gan sefydliad (am y tro cyntaf o bosib?), roedd y Cymry Cymraeg o'r diwedd yn ymuno â gweddill y byd ac yn mynd yn feiral. Wna i ddim gwadu mai chwerthin wnes i pan glywais i'r gân gyntaf, ond buan iawn y sylweddolais i a nifer o bobl eraill, rhwng y curiadau amrwd, y geiriau aneglur a'r alaw fachog, fod gan Rodney rywbeth i'w ddweud. Boed hynny'n fwriadol neu beidio, roedd hon yn gân werin, hip a phync mewn un! Yn ôl yr hyn sy'n cael ei nodi ar gwefan *dictionary.com*, cân sy'n deillio o'r bobl yw cân werin, cân ac iddi alaw syml a phenillion sy'n adrodd stori. Ychwanegwch y broses o drosglwyddo'r gân hon ar lafar mewn ysgolion, tafarndai ac ar lwyfannau Cymru, ac fe sylweddolwch fod 'Talu Bils' yn gân werin. Roedd y symudiad pync yn brotest gerddorol yn erbyn sŵn caboledig y saithdegau – y Sex Pistols yn groes i Genesis a Yes, a'r Ramones yn groes i'r Eagles a Chicago. Tybed ai Rodney felly yw'r ateb i Sŵnami, Yws Gwynedd a sŵn cyfoes y Sin Roc Gymraeg?

Dwi'n eithaf sicr na fyddai Rodney yn ei ystyried ei hun yn ganwr protest nac yn ystyried 'Talu Bils' yn gân brotest. Fi sydd wedi ei fedyddio yn Joe Hill Blaenau a hynny'n syml oherwydd bod y gân wedi taflu goleuni ar gysgodion cymdeithas. Drwy adrodd ei stori bersonol o fethu cael swydd yn Llechwedd a Phortmeirion oherwydd CV 'crap' ac am nad oes ganddo unrhyw gymwysterau o gwbl, mae Rodney wedi creu dogfen gymdeithasol sy'n dangos nad ydi bywyd yn hawdd, nad ydi'r drefn sydd ohoni yn gweithio nac yn helpu cyfran helaeth o'r boblogaeth ac nad ydi'r iaith Gymraeg wedi bod o fudd i'r garfan honno (sy'n fêl ar fysedd Wales Online a'u sylwadau gwrth-Gymraeg).

Geiriau arwyddocaol yn y gân ydi ymateb Rodney pan mae'n methu cael swydd:

> O mae'n iawn, dwi'n cael *jobseeker's allowance*.

Dyma'r tro cyntaf ers Hogiau Llandygai i rywun ganu am bres dôl ac i fudd-daliadau gael eu trafod mewn cân bop Gymraeg (rhyddhawyd 'Llawenydd Diweithdra' gan Datblygu ar ôl i 'Talu Bils' ymddangos). Ac mae'n hen bryd hefyd. Mae'n ddigon hawdd gwrando'n ôl ar ganeuon Cymraeg o'r degawdau diwethaf a chael ein cyflyru i feddwl mai dim ond y brotest iaith sydd wedi mynnu sylw ein cerddorion. Mi fyddai'n annheg dweud nad oes 'na bynciau eraill wedi eu trafod ar gân (cofier am 'Victor Jara' Dafydd Iwan ac 'Anwariad' Tecwyn Ifan, er enghraifft). Y tueddiad ydi gosod digwyddiadau rhyngwladol yng nghyd-destun Cymru a'r iaith. Tydi Rodney ddim yn gwneud hyn. Yn hytrach, yr hyn a wna ydi dweud yn syml – 'dwi'n cael *jobseeker's allowance*, felly mi fydd pob dim 'yn iaaaawn!'.

Yr hyn oedd yn amserol am y datganiad hwn oedd bod posibiliad nad oedd popeth am fod 'yn iawn.' Dan raglen doriadau y Toriaid, roedd budd-daliadau dan warchae ac o gofio bod dros 16% o bobl Cymru yn derbyn budd-daliadau, roedd yn bwnc oedd yn haeddu'r un sylw, os nad mwy, na diffyg arwyddion Cymraeg yn Costa Coffee neu doriadau yng nghyllideb S4C a'r Cyngor Llyfrau. Pynciau oedd y rhain oedd yn ymddangos fel pe baent yn cael mwy o oriau darlledu ar y newyddion Cymraeg a mwy o sylw mewn darnau barn yng nghylchgrawn *Golwg* na thlodi yn ein cymunedau. Does ryfedd fod pobl wedi bod yn defnyddio llai ar bapurau a'r teledu ar gyfer eu newyddion yn ddiweddar.

Gellir ystyried 'Talu Bils' yn symbol arwyddocaol o'r newid sydd wedi bod ers y cyfnod pan oedd canu protest yn ei anterth. Yn y gorffennol, yn ystod newidiadau gwleidyddol a chymdeithasol o bwys, mi fyddai cerddorion a beirdd yn cael eu hudo i'r strydoedd gyda'u gitârs a'u cerddi er mwyn dweud eu dweud. Heddiw, mae'n dipyn haws trydar neu uwchlwytho fideo i Facebook. Nid bod sin gerddorol a barddol Cymru yn gwneud llawer o hyn, cofiwch. Fel yn UDA a gweddill Prydain, mae'r syniad o brotest wedi mynd yn ddiarth (ac eithrio grwpiau fel Radio Rhydd a Brython Shag sydd yn 'protestio'

'Gellir ystyried 'Talu Bils' yn symbol arwyddocaol o'r newid sydd wedi bod ers y cyfnod pan oedd canu protest yn ei anterth.'

drwy gyfrwng eu caneuon). Ond ai arwydd o newid cymdeithasol arall ydi diffyg canu protest heddiw? Wrth i ni greu bywydau cymdeithasol ar-lein a chwerthin efo'n gilydd ar ffan rygbi yn gweiddi 'Ffyc mi, Ffaro', mae'r syniad o undod cymdeithasol yn y byd go iawn yn diflannu. Be ydi'r pwynt poeni am yr hyn sy'n digwydd i gleifion, i'r anabl neu'r henoed? Mae 'na gêm Man United ar y teledu. Lleiafrifoedd yn cael eu trin fel cachu? Dwi'n rhy brysur yn edrych ar luniau rhywun oedd yn yr ysgol hefo fi dwi heb ei weld ers degawd ar ei wyliau, diolch! George Orwell ddywedodd yn ei lyfr *1984*: 'films, football, beer and above all, gambling filled up the horizon of their minds. To keep them in control was not difficult.'

Dyna pam mae 'Talu Bils' yn rhyfeddol. Rydan ni'n cael mwy o wirionedd am fyw heddiw ac am y byd sydd ohoni mewn un gân a recordiwyd mewn parti nag rydan ni'n ei gael gan y cyfryngau. A'r hyn sy'n fwy pwerus ydi fod y gân hon wedi ei rhannu filoedd ar filoedd o weithiau ymhlith pobl gyffredin na fydden nhw byth yn breuddwydio gwrando ar gân Pete Seeger neu Public Enemy. Ond gobeithio fod pob un person sydd wedi gwylio fideo Rodney, ar ryw bwynt neu'i gilydd, wedi meddwl, ddim ond am eiliad hyd yn oed: sut fywyd sydd gan y gŵr hwn? Sut beth ydi byw ar fudd-daliadau? Ond ydi, mae sgrech y werin wedi ei chlywed.

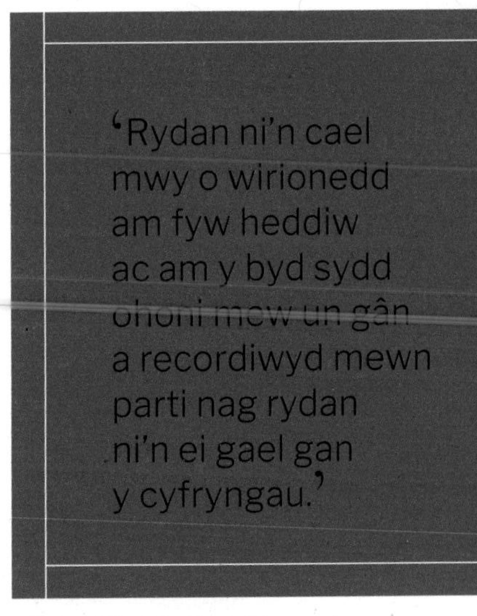


Dywedodd y canwr protest enwocaf erioed, Bob Dylan, yn 1964: 'Me, I don't want to write for people anymore – you know, be a spokesman. From now on, I want to write from inside me . . . I'm not part of no movement . . .' Dyma wnaeth Rodney. Rŵan, lle mae ei Wobr Nobel?

# Cyn i'r Lle 'Ma Gau

Copa (Sain), 2016

## 'Cyn i'r Lle 'Ma Gau', Y Bandana, *Fel Tôn Gron* (2016)

Tyrd i mewn i'r tŷ, 'stedda lawr,
tyrd i mewn o'r gwynt a'r glaw.
Hafan ydi hon i'r gair,
i'r gân a'r cwpan llawn.

*Mae cerdd yn yr aer ac alaw'n y muriau*
*a thân yn ein gwaed fel ein cyndeidiau,*
*canwn gân! O! Cyn i'r lle 'ma gau.*

Tyrd i mewn i'r tŷ, lle ma'r gwir
yn llifo fel y gwin,
teimlad sydd mor hen â'r wên
a'r cerrig prin a'r pridd.

*Mae'n llifo'n rhwydd trwy dy wythiennau,*
*doed pawb i'r fan, croesffordd eneidiau,*
*canwn gân cyn i'r lle 'ma gau.*

Os wyt ti ar goll yn y byd,
heb 'run cyfaill ffeind na ffydd,
mae heddwch meddwl mwyn a'i holl swyn
ar gael ar ben y stryd.

*Mae'n llifo'n rhwydd trwy dy wythiennau,*
*doed pawb i'r fan, croesffordd eneidiau,*
*canwn gân cyn i'r lle 'ma gau.*

Tyrd i mewn i'r tŷ atan ni,
tyrd yn nes at wres y bar,
a chodwn ein gwydrau fry at y nen
a chydseiniwn, 'Iechyd Da!'

*Mae cerdd yn yr aer ac alaw'n y muriau*
*a thân yn ein gwaed fel ein cyndeidiau,*
*canwn gân! Cyn i'r lle 'ma gau.*

℗ Rasal Miwsig/Sain©

# 'Cyn i'r Lle 'Ma Gau', Y Bandana – Nici Beech

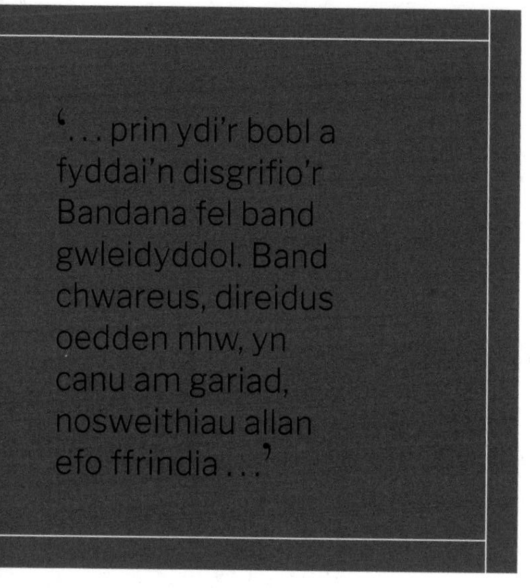


Go brin yr aiff caneuon y Bandana fyth yn angof llwyr, ond rhag ofn na fyddan nhw mor gyfarwydd i'r bobl fydd yn darllen yr ysgrif hon ymhen ugain neu ddeugain mlynedd, mae hi'n werth nodi mai prin ydi'r bobl a fyddai'n disgrifio'r Bandana fel band gwleidyddol. Band chwareus, direidus oedden nhw, yn canu am gariad, nosweithiau allan efo ffrindia, am dywydd braf, am dragwyddoldeb 'Heno yn yr Anglesey', am fachlud ar y môr. Band ifanc yn canu am fod yn ifanc. Ac fe ddaeth y Bandana i ben wrth iddyn nhw chwarae eu gìg olaf o flaen torf anferthol yn Neuadd y Farchnad, Caernarfon yn Hydref 2016. Daeth bri iddynt hefyd wrth ennill sawl gwobr yng Ngwobrau'r Selar, Chwefror 2017, wedi iddynt roi'r gorau iddi.

Na, chaiff y Bandana ddim eu cofio am fod yn fand 'gwleidyddol', ond gyda'u halbwm olaf fe ddaeth gwleidyddiaeth i'r amlwg yng ngeiriau'r caneuon. Mae 'Dal i Ddysgu', 'Meddwl Rhydd' ac 'Agor Dy Ben' yn ganeuon sydd â negeseuon amlwg ond tydi 'Cyn i'r Lle 'Ma Gau' – cân orau 2016 yn ôl pleidleiswyr *Y Selar* – ddim yn taro rhywun fel cân 'wleidyddol' yn syth – cân am dafarn y Glôb ym Mangor Uchaf ydi hi. Ond gyda barddoniaeth a chaneuon, swydd y darllenydd neu'r gwrandäwr, ac nid yr awdur, yw penderfynu ar ei ddarlleniad a'i ddehongliad ei hun o gerdd neu gân, a dyna wnes i yn yr achos hwn, a chanfod sawl haen o ystyron. Oherwydd hyn, dwi'n ei gosod yn un o ganeuon mwyaf anthemig, cadarnhaol ac eangfrydig ei chyfnod.

Cydwrandawn.

```
Tyrd i mewn i'r tŷ,
```

Gyda'r gwahoddiad agored hwn y mae'r gân yn cychwyn, a dim ond llais Gwil yn fy ngwahodd. Dim ond wrth wrando ar weddill y geiriau y des i i geisio dyfalu pa dŷ oedd dan sylw ganddo. Ym mhle roedd y tŷ hwn? Ai tŷ go iawn neu fetaffor ydi o?

```
(+ gitâr) 'stedda lawr,
tyrd i mewn o'r gwynt a'r glaw.
```

Gyda dyfodiad y gitâr ar yr ail linell, mae'r gwahoddiad yn teimlo'n fwy cynhwysol a diogel – mae'n bosib mai criw, yn hytrach nag unigolyn, sy'n estyn gwahoddiad, a'r geiriau'n awgrymu bod y tŷ hwn yn cynnig rhywbeth y mae ei angen arna i, sef cysgod rhag rhyw fath o dywydd drwg.

```
Hafan ydi hon ...
```

Pa fath o dŷ ydi hwn? Wel, hafan, yn amlwg, ond nid unrhyw hafan. Nid tŷ o'r enw 'Hafan' a fedyddiwyd gan berchnogion sentimental oedd wedi symud i rywle er mwyn gwella'u byd, ac wedi penderfynu ailenwi'r brics a mortar er mwyn nodi a chofio'u Cymreictod. Na, nid un felly, ond hafan go iawn – lle i ddianc rhag pethau annifyr bywyd – y gwynt a'r glaw, wrth gwrs, neu o bosib rywbeth gwaeth, fel unigrwydd, amgylchiadau byw ofnadwy neu orthrwm.

> ... i'r gair,
> i'r gân a'r gwpan llawn.

Dyma ddatgelu mwy am sut fath o hafan sydd yma. Mae'n un sy'n rhoi bri ar eiriau, neu ai 'Y Gair' sydd yma? Ai rhyw fath o eglwys ydi'r tŷ hwn? Dyma hafan i bobl sgwrsio'n rhydd, i drafod a gwrando ac i ganu hefyd a hynny efo cwpan llawn. Yn sicr, mae'r cwpan llawn, os nad yw'n cynnig profiad crefyddol, yn cynnig antidot i unrhyw un sy'n credu bod ei gwpan yn hanner gwag – un sydd wedi bod ynghanol y gwynt a'r glaw efallai? Lle llawn gobaith yw'r tŷ hwn beth bynnag.

> Mae cerdd yn yr aer ac alaw'n y muriau

Mae'r llinellau nesaf yn awgrymu bod y lle wedi ei drwytho mewn cerddoriaeth ers canrifoedd, a'r bobl sydd ynddo yn rhai sy'n falch o'u hanes. 'Heb ein straeon, does dim cymdeithas,' meddai sawl un dros y blynyddoedd, gan gynnwys, yn ddiweddar, yr actor Rhys Ifans, wrth iddo dynnu sylw at y crebachu sydd mewn cyrsiau drama i bobl ifanc Cymru. Mae gwybod y straeon a'r caneuon – rhai gwerin ac eraill – sy'n rhan o'n hanes yn ein diffinio ac yn help i ni ddatblygu; gochelwn rhag colli'r cyfleon i'w trosglwyddo. Yn y gân yma, mae'r Bandana yn awgrymu bod y caneuon a'r straeon hyn o'n cwmpas o hyd ac yno i'n cynnal os profwn ni nhw. Felly, ai Cymru, 'Gwlad y Gân', ydi'r tŷ?

> a thân yn ein gwaed fel ein cyndeidiau

Mae'n sicr yn dechrau teimlo fel lle angerddol erbyn hyn. Mae cysylltu'r geiriau 'tân yn ein gwaed' mor agos â 'chyndeidiau' yn dod â phob math o gyfeiriadaeth emosiynol a gwleidyddol i'r meddwl, a'r galon. Lle sy'n cofio ei hanes yw hwn. Bu brwydro yn rhan o'r hanes hwnnw ac mae stôr o gerddi, straeon a baledi ganddon ni i'w trosglwyddo. Mae geiriau'r gân hon yn ein hannog i gofio'r hanes ac, os ga i awgrymu, i ddwyn i gof ganeuon cenedlaetholgar y gorffennol.

```
canwn gân! O! Cyn i'r lle 'ma gau.
```

Nid yn unig mae'r caneuon yn fyw yn y lle 'ma, ond dyma ymestyn y gwahoddiad nes ei fod bron yn orchymyn i'r gwrandäwr ymuno yn y canu. Dyna braf ydi cael eich cynnwys, ac mae cydganu a rhannu profiad, fel y gwnawn mewn eglwys neu dafarn neu brotest, yn atgyfnerthu'r teimlad o berthyn.

Ond, beth?! Daw ochenaid o enau Gwil, ac yn sydyn mae 'na derfyn amser yn cael ei roi ar y cyfle i ganu'r gân. Mae'r 'lle 'ma' yn mynd i gau rywbryd. Ac mae'r ffaith honno'n eistedd yng nghefn y meddwl fel rhyw fygythiad tawel wedyn. Gall goblygiadau cau y 'lle 'ma', fel y sefyllfa oedd yn wynebu Gwales ar ddiwedd Ail Gainc y Mabinogi, fod yr un mor ddychrynllyd ag agor y drws tuag Aberhenfelen! Be wedyn?

Yn sydyn mae drymiau'n ymuno efo'r gitâr a'r llais ac mae'n swnio fel petai mwy o bobl wedi derbyn y gwahoddiad i ganu . . .

```
(+ drymiau)
Tyrd i mewn i'r tŷ, lle ma'r gwir
yn llifo fel y gwin,
```

Yn wir, mae hi'n barti yn y tŷ bellach! Mae digonedd o win i'w gael, ac wrth gwrs, gyda'r gwin y daw'r gwir – yn ôl yr hen ddywediad Lladin, *in vino veritas*. Ond mae rhybudd yn y geiriau hyn hefyd i'r rhai sy'n gwybod ein hanes ni fel Cymry. Cofiwn am adegau lle bu gwin yn drech na ni ac yn rym dinistriol yn ein hanes ni, fel yng Nghantre'r Gwaelod a Chatraeth a . . . dim byd wedyn. Ond mae 'na deimlad braf am fod y GWIR yma. Y gwir yn erbyn y byd? A oes heddwch?

```
teimlad sydd mor hen â'r wên
a'r cerrig prin a'r pridd.
(bas)
```

A dyma, yn syth bìn, gyfiawnhad i'r gwin lifo. 'Dan ni'n dathlu hen deimlad, un sy'n perthyn i'n cyndeidiau. Mae'r cerrig prin a'r pridd yn perthyn i'n tir ni – dyma lle rydan ni, ar ein tir ni'n hunain, sy'n hen, ac yn brin fel ninnau, ac mae'r teimlad yn disgleirio, wrth i'r gitâr fas ddod i mewn a rhoi rhythm i ni ddawnsio iddo . . . 'Dan ni'n dathlu ein bod ni'n dal yma. O hyd.

Mae'n llifo'n rhwydd trwy dy wythiennau!

O! Hud! Ydi wir, fel y tân yn ein gwaed mae'r rhythm a'r teimlad yn llifo – 'dan ni'n deulu! Ac unwaith y gwnei di deimlo'n rhan o deulu, bydd y teimlad yn y gwaed yn llifo'n rhwyddach fyth.

doed pawb i'r fan, croesffordd eneidiau,

<Gymerwn ni gam gramadegol i'r ochr rŵan >

Ar ôl gwahoddiad mor bersonol yn y dechrau, mae'r gair 'Doed' yn newid rhywfaint ar y sgwrs, yn amhersonol braidd, ond efallai mai dyna'r pwynt. Nid dim ond y rhai sy'n perthyn trwy waed neu briodas sy'n cael y gwahoddiad i'r tŷ, ond yn hytrach mae croeso'r Bandana'n un eangfrydig. Caiff pawb wahoddiad, ac nid tŷ ydi hwn bellach ond 'man' cyfarfod i bob math o bobl sydd ar bob math o deithiau gwahanol.

canwn gân cyn i'r lle 'ma gau

Dwi'n hoff iawn o'r gytgan benderfynol. Mi ganwn ni – dim ots pwy ydan ni – cyn i bethau fynd yn drech na ni. Oherwydd mae'r bygythiad yn dal i fod yng nghefn y meddwl nad oes amser di-ben-draw i hyn oll. Ond pobl ydan ni, sy'n dathlu ein bod yn dal i fod.

(+ trwmped)

Cyffyrddiad hyfryd ydi sŵn y trwmped erbyn hyn, yn atgyfnerthu'r hapusrwydd ac yn seinio pwysigrwydd neges y gân ymhellach, a dyma droi ein golygon at y byd i gyd.

Os wyt ti ar goll yn y byd,<br>heb 'run cyfaill ffeind na ffydd,

Yn syth bìn mae fy meddwl efo ffoaduriaid y byd. Ac mae'r bas ffynci rhwng y llinellau yn cynnig rhythm sy'n ymestyn ar draws iaith a diwylliant, ac yn ein huno ni a'n profiadau ni i gyd. Yna, mae'r geiriau yma'n dod:

mae heddwch meddwl mwyn a'i holl swyn
ar gael ar ben y stryd.

Dwi'n cymryd eiliad i oedi. Mae'r cyffyrddiadau cynganeddol yn dwyn fy sylw i. Dwi'n dotio at y neges sy'n syml ond yn gwaedu. Mae'n wirionedd, ond mae'n wirionedd sy'n amhosib i rywun sydd yn nhywyllwch iselder. Ydi, mae'r 'swyn' ar gael 'ar ben y stryd'. Ond mae stryd pob un yn wahanol allwn ni ond gobeithio y medrwn ni fod ar y stryd iawn, ar yr adeg iawn, i unrhyw un sy'n dioddef.

*Mae'n llifo'n rhwydd trwy dy wythiennau,*
*doed pawb i'r fan, croesffordd eneidiau,*
*canwn gân cyn i'r lle 'ma gau.*

Ie-hei!

Beth arall allwn ni ei wneud? Mae yma rybuddio am ddiwedd cyfnod, pryder am ddiwedd iaith efallai, a'r hyn y gallwn ni ei wneud cyn ei bod hi'n rhy hwyr arnom ni.

Tyrd i mewn i'r tŷ atan ni,
tyrd yn nes at wres y bar,
a chodwn ein gwydrau fry at y nen
a chydseiniwn, 'Iechyd Da!'.

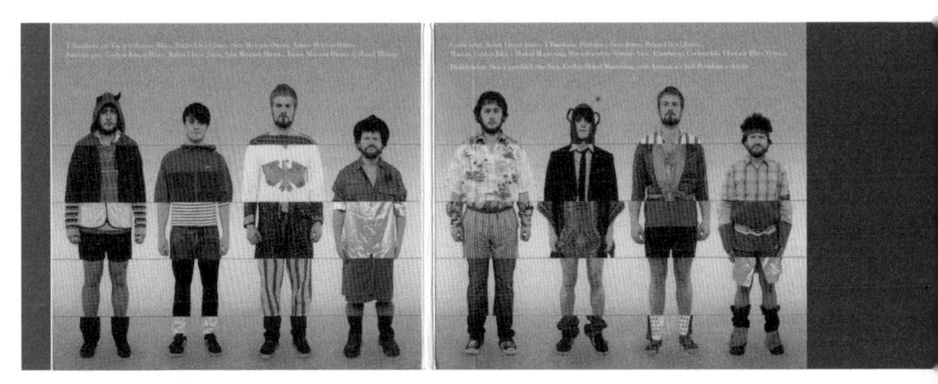

A dyma gadarnhau mai'r tŷ yng ngeiriau'r gân, yn llythrennol, ydi tŷ tafarn. Mae'r Bandana'n awgrymu ein bod ni'n dod at ein gilydd i ganu ac yfed. Mae hynny'n nodweddiadol o'u caneuon poblogaidd dros y blynyddoedd, ydi, ond mae'r band yn aeddfetach ac mae eu geiriau'n dathlu goddefgarwch a dyngarwch.

*Mae cerdd yn yr aer ac alaw'n y muriau*
*a thân yn ein gwaed fel ein cyndeidiau,*

Yn y balchder cenedlaetholgar amlwg yma mae hefyd neges i ffoaduriaid y byd. 'Tyrd i mewn i'r tŷ' meddai'r Bandana, cei groeso yma gan y Cymry – ond gyda chysgod Brexit a Trump bellach dros y gân, ydi'r 'lle 'ma' a'i ffiniau ar fin cau go iawn?

*canwn gân! Cyn i'r lle 'ma gau.*

A bob un tro, mae'r distawrwydd ar ddiwedd y gân yn fy nychryn i, ond dwi wedi gwirioni'n llwyr efo sut mae hi'n gorffen hefyd. Tydi hi ddim yn rhoi unrhyw obaith am fwy – does dim *encore* i fod. Dyna ni. Yn blwmp ac yn blaen. Dyma'r gwahoddiad a'r rhybudd – dewch i ni ganu a dathlu efo'n gilydd, tra bod yr amser ganddon ni. Beth arall allwn ni ei wneud?

**CYDNABYDDIAETHAU LLUNIAU**

t.17 Geraint Jarman – ©John Morgan
t.21 *Sgrech '79* – ©Sgrech

t.26 Plethyn – ©Tegwyn Roberts

t.36 Dafydd Iwan ac Ar Log – ©Tegwyn Roberts
t.38 Dafydd Iwan – ©Marian Delyth

t.46 Elwyn Williams, Eryl Davies, Len Jones – ©Hefin Huws,
Iwan Llwyd – ©Owen Owens, Hefin Huws – ©Steve Eaves
t.51 Steve Eaves – ©Rolant Dafis

t.57 David R. Edwards – ©Medwyn Jones
t.59 *Sothach,* Chwefror 1992 – ©Sothach/Cytgord

t.66 Y Cyrff – ©Rolant Dafis

t.72, 73 Tystion – Kim Fielding/Ankstmusik

t.83 Super Furry Animals – ©Rolant Dafis
t.85 Stiwdio Ofn, Ynys Môn – ©Rolant Dafis

t.84 Sgrinlun Rodney Evans – ©Rodney Evans
t.88 Poster Brython Shag – ©Brython Shag

t.97 Y Bandana – ©Rhys Thomas/Sain
t.101 Y Bandana – ©Kristina Banholzer

Gyda diolch i Emyr Glyn Williams am ei gyngor;
diolch hefyd i Archif Bop Cymru.

Atgynhyrchir y cloriau canlynol trwy ganiatâd
Llyfrgell Genedlaethol Cymru a Sain:
*Gwesty Cymru, Golau Tan Gwmwl, Yma o Hyd.*

Atgynhyrchir cloriau *Fel Tôn Gron* a *Croendenau* trwy ganiatâd Sain,
clawr *Rhaid i Rhywbeth Ddigwydd* trwy ganiatâd Gruff Meredith,
clawr *Yr Atgyfodi* trwy ganiatâd Mark Roberts
a chlawr *Mwng* trwy ganiatâd Super Furry Animals.

W782·42/E4